出世したけりゃ
会計・財務は一緒に学べ！

西山茂

光文社新書

はじめに　数字に強いビジネスパーソンに

営業や製造、研究開発といった〝現場〟での経験・知識は豊富だけれど、これまでアカウンティング（会計）やファイナンス（財務）とはほとんど接点がなかった、というビジネスパーソンは意外に多いと思います。

この本を読まれているあなたも、その一人かもしれません。これは、財務、経理あるいは経営企画といった数字とかかわる部門の専門性が高く、またそれらの部門に所属する人の数がそれほど多くないことが1つの理由だと思います。

しかしエグゼクティブ（経営幹部）になると、これまでの経歴に関係なく、適切な意思決定を行うためにアカウンティングやファイナンスの一定の知識が求められます。

本書は、たまたま数字に接点がなかった現場をよく知る優秀なビジネスパーソンが、経営幹部になるために最低限必要なアカウンティングとファイナンスのポイントをまとめたものです。

ここで、アカウンティングとファイナンスの内容について簡単に確認しておきましょう。

まずアカウンティングとは、企業の立場に立って数字を扱っていくものです。具体的には、2つの分野に分かれています。

1つは、企業の業績を外部の関係者に報告する資料である財務諸表、つまり貸借対照表（BS）、損益計算書（PL）、キャッシュフロー計算書（CF）などをつくり、分析するための財務会計です。もう1つは、企業内部の経営管理で数字を活用するための管理会計です。つまりアカウンティングとは、企業の状況を外部へ報告するために、そして企業内部での経営管理のために数字を活用していくものなのです。

一方でファイナンスは、外部の投資家の立場で、数字を使って企業を評価していくためのものです。上場公開企業は、株主や銀行、さらには社債を保有している投資家から資金を預かって事業を行っています。したがって、彼らの考え方や評価方法をしっかりと理解することが重要になります。

投資家の考え方を理解して彼らの評価を高めるような経営を行い、最終的に企業価値、さ

図表0　会計とファイナンスの関係

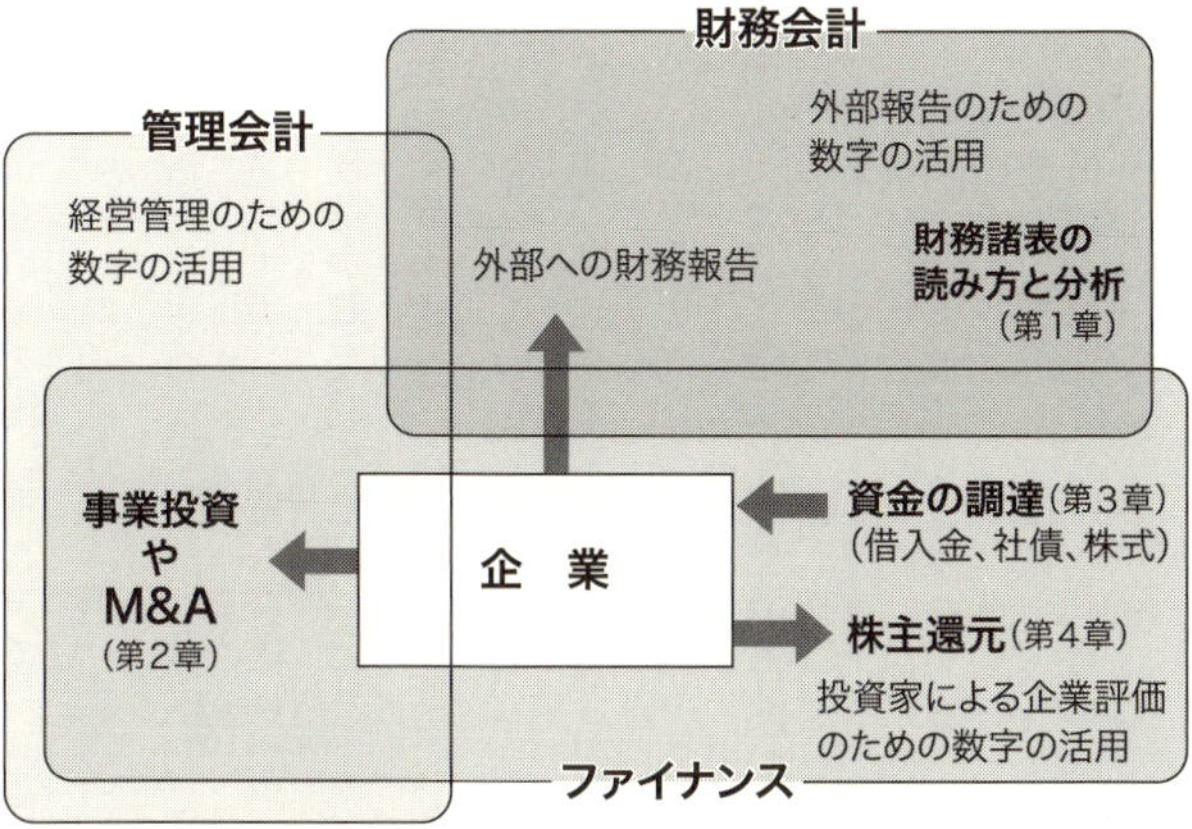

らには時価総額、株価を高めていくために数字を活用していくものがファイナンスです。

このアカウンティングとファイナンスの2つは、企業の立場から、また投資家の目を通して、企業の状況を客観的につかむツールとしてビジネスパーソンが理解しておくべきものです。

そのため、米国・欧州・日本をはじめとする世界各国のMBAコースでは、必ずといっていいほど学ばなければならないコア科目（必須科目、基礎科目）に含められているのです。

そして、両者は次のように密接に関係し合っています。

まず、管理会計の考え方を活用して経営管

理の中でうまく数字を用いることで、財務諸表の内容を改善することができます。

また、財務会計の考え方を活用して適切に財務諸表を作成することにより、投資家に対して適切な報告ができると同時に、社内的にも経営管理の課題を把握するのに役立ちます。

さらに、ファイナンスの考え方に基づいて財務諸表を投資家の視点から評価し、それを高める方向へ経営の舵を取ることにより、企業価値、時価総額、そして株価の上昇につなげていくことができます。

逆にいうと、多くの企業にとって大きな目的の1つである企業価値の向上、また株価の上昇のためには、ファイナンスの考え方を活用してそのポイントをしっかりと理解し、財務会計に基づいて作成した財務諸表を読み込んで実態を把握し、管理会計の考え方を用いて企業価値が高まるように適切な経営管理を行っていく、というプロセスが必要になります。

たとえばファイナンスの代表的な考え方の1つに、企業が将来生み出すであろうキャッシュフローを現時点での価値に割り引いて評価するＤＣＦ法（Discounted Cash Flow）があります。

このＤＣＦ法は、財務会計の中で最近話題になることが多い「減損会計」で用いられています。

つまり土地や建物、機械といった有形固定資産や、企業買収の際に様々な資産を獲得した結果として生まれる「のれん」という無形の資産価値が大幅に下がってしまった場合に、「損」を集計する方法として用いられています。

これは、投資家による評価と同じ方法で財務諸表の数字も作成していこうという、ファイナンスと財務会計の一体化の例です。

また、財務諸表の中に含まれている事業分野別、地域別の業績を表すセグメント情報は、社内の経営管理で実際に用いられている区分で集計することになっています。

これは、投資家は社内で使われているのと同じ区分で情報を知りたいであろうという考え方にしたがった、財務会計と管理会計の一体化の一例です。

さらに社内の経営管理の中でも、M&A（Mergers & Acquisitions：買収合併）や事業投資、設備投資の案件の評価において、そのプロジェクトでいくら儲かるかによって評価するNPV法（Net Present Value）や、年平均で何%儲かるのかで評価するIRR法（Internal Rate of Return）といったファイナンスのツールが使われています。これは管理会計とファイナンスの一体化の例です。

このように密接に関係していることを考えると、アカウンティングとファイナンスは一緒に学ぶことが望ましいといえます。ところが、この2つは日本では別のものとして教えられ、学ばれているのが現状です。

確かに、アカウンティングやファイナンスを自分の強みのフィールドにしたいと考えている若いビジネスパーソンであれば、それぞれを区別してしっかりと学び、その上で両者の関係を改めて考えてみるという方法もあると思います。

しかし、アカウンティングやファイナンスに直接接点がなかった経営幹部、あるいは幹部候補の方が、この2つの分野を大きな視点で短期的に、また実践的に理解する場合には、一緒に学ぶことが有効です。

実際に、米国では2つを一体的に学ぶことを目的とした「Non-financial Manager のためのアカウンティング&ファイナンス」というタイトルの本がたくさん出版されています。なお、ここでいう「Non-financial Manager」とは、財務や会計を専門としない経営幹部という意味です。本書はこの日本版をイメージしています。

一般に多くの欧米の経営者は、営業、製造、研究開発といった現場を歩んできた人であっても、若いころに全日制、夜間、あるいはエクゼクティブ向けのＭＢＡコースに通ったり、社内教育や自主勉強などによって、経営学のポイント、特にアカウンティングやファイナン

図表0-1　経営者が押さえておくべきポイント

1　自社の財務諸表の承認、月次決算のレビュー

（競合企業、顧客企業、サプライヤー、買収候補企業などの状況把握）

→　財務諸表の読み方（BS, PL, CF）
財務比率の意味と読み方（ROE, ROA、利益率等）

2　投資プロジェクトの評価と実行

→　フリーキャッシュフロー、NPV法、IRR法、回収期間法、シミュレーション、M&Aでの買収金額の評価

3　資金調達方法の決定と実行

→　借入と増資の意味と違い
資本コスト、最適資本構成

4　株主への儲けの還元

→　配当、自社株買い

スのポイントは押さえています。

また、アジアなど新興国の経営者も、後継者を中心にＭＢＡを修了している人が多く、アカウンティングやファイナンスの基礎は習得しているケースが多くなっています。

それと比較すると、日本のエクゼクティブやその候補者は、専門的な部署で経験を積んだ一部の方を除けば、必ずしも数字には強くないようです。

しかし、質の高い経営を続けていくためには、メーカーでは製造あるいは研究開発、小売業や商社では営業といったいわゆる各企業の中核部門での現場経験のある幹部、また企業の中核を担うスタッフ部門の幹部が、大きな視点からアカウンティングやファイナンス

をはじめとする経営の定石を押さえ、共通言語をもとに議論して意思決定を行っていくことが必要になります。

本書は、経営幹部、あるいはその候補の方が、経営の定石として最低限押さえておいてほしいアカウンティングとファイナンスのポイントだけを選んでまとめています。

具体的には、まず経営幹部が意思決定の際に必要となる4点、すなわち①月次・四半期・年度決算の状況を把握するための財務諸表の読み方（第1章）、②投資プロジェクトや企業買収における投資評価の考え方（第2章）、③借り入れるか増資をするかといった資金調達についての考え方（第3章）、④配当や自社株買いなど株主への還元についての考え方（第4章）を取り上げています。

各章の内容は下記のとおりです。

第1章では、まず決算書について学びます。すなわち儲けの構造を表す損益計算書と、事業の構造と財務的な安全性を表す貸借対照表、そして実際の活動の状況を表すキャッシュフロー計算書の、いわゆる財務3表の読み方を扱います。

また、「収益性」「効率性」「安全性」「成長性」の4つの観点から分析していくツールである財務比率分析の方法、危ない会社の兆候のつかみ方といい会社の条件について考えていきます。

次に第2章では、投資プロジェクトやM&Aにおける企業価値や株主価値の評価のポイントを学びます。

儲けのベースとなるフリーキャッシュフロー、儲けのレベルや割引率のベースとなる資本コスト（WACC）、NPV法・IRR法・回収期間法、また企業価値や株主価値を評価するための具体的な方法や概念を取り上げます。

そして第3章では、資金調達の代表例である借り入れた資金と株主からの資金について、それぞれのメリットとデメリット、また2つをどのように組み合わせて調達したらよいのか、そして業種や業績による違いなどを学んでいきます。

最後に第4章では、株主還元のポイント、つまり配当と自社株買いについて、それぞれの意味と株価との関係、さらに配当についてはその基準と、業種や成長ステージによる違いについて取り上げます。

また、少しでも具体的なイメージを持って理解していただくために、ある食品メーカーの研究部門に所属し将来を期待される「矢吹俊」が、様々なビジネスの場面で数字の活用に迫られ、どのように課題を解決していったかという簡単なストーリー「エグゼクティブへの道」を各章に入れ込んでいます。

さらに、各ポイントのベースにある重要な理論や、実在する企業の事例も扱います。ぜひ皆さんの日々の業務と結びつけながら、参考にしてほしいと思っています。

本書によって、現在活躍中の経営幹部、またその候補者の皆様が数字に少しでも強くなり、さらに面白いと思っていただければ著者として望外の喜びです。

それでは、早速始めていきましょう。

目次

第1章

決算書はここだけ見れば十分～財務3表キモのキモ

1　儲けの構造をつかむ：損益計算書

この節のポイント

ここでは、一定期間の活動の報告書である損益計算書から、企業の儲けの構造をつかむポイントについて学んでいきます。さらに、売上高総利益率、販売管理費（販売費及び一般管理費）、営業外損益、特別損益などの考え方についても取り上げます。

エグゼクティブへの道①

矢吹俊は、大手食品メーカーX社の研究開発部門の将来を期待されるエースである。これまでいくつかのヒット商品の開発に、チームメンバーあるいはリーダーとして携わってきた。

そして先日、社長から呼ばれ、最近急成長している健康食品を扱う子会社の研究開発をレベルアップさせるために、その子会社の取締役として3年間頑張ってきてほしいと言われたのである。

突然の話に最初は戸惑ったが、冷静に考えてみると成長している新しい分野でチャレンジすることは自分の枠を広げるチャンスであり、日に日に頑張ってみようという気持ちが強くなってきた。

さらに、上司である研究開発担当の副社長から、「取締役としていくのだから、研究開発だけではなく、経営のこと、中でもアカウンティングやファイナンスのこともある程度知っておくことも重要だ。経営を理解し、大きな視点から客観的に研究開発の状況を見ることができるように、これを機会に少し勉強してみたらどうか」とアドバイスされた。

そこで、まず手始めに食品会社の一般的な儲けの構造を把握しようと、日本を代表する食品会社である「味の素」の財務諸表、中でも社内のミーティングで何度か見たことのある損益計算書を、財務分析の入門書を片手に見始めた。

①損益計算書とは何か〜その基本構造

損益計算書（ＰＬ：Profit and Loss Statement、米国では Income Statement あるいは

Statement of earnings ということが多い）は、企業の1年、あるいは数か月といった一定期間の活動報告書です。

売上高が出発点となってコストをいくつかに分け、各段階でどの程度利益を確保しているのかが集計されています。これを見ていくとそれぞれの企業の儲けの構造が見えてきます。

初めに見るのは、売上高です。顧客への販売数量や業界の中での規模・シェアといった情報は、売上高がベースになります。売上高の大きさとその伸びは、しっかりと見ておくことが重要です。

次に見るのは、売上原価を差し引いた売上高総利益率です。通常、トヨタ自動車をはじめとした自動車業界など比較的大きな機械製品をつくる製造業や、イオンなどの一般的な小売業では、売上高総利益率は20～30％程度の場合が多くなっています。

他方、付加価値が高い製品を扱う武田薬品などの製薬業界や資生堂をはじめとする化粧品業界、またグリーやＤｅＮＡなどのネットを使ったゲームビジネスのように70～90％にもなる業界もあります。

このように売上高総利益率は業界による違いがあるので、同業の企業同士で比較することが重要です。

図表1-1　損益計算書の例：1年間の活動報告表
——儲けの構造を見る

売上高 **売上原価**	売上高の規模と伸びから業界順位、シェア、成長性を確認する。
売上総利益 **販売費及び一般管理費**	売上高総利益率から製品・サービスの付加価値の高さを確認する。販管費の内訳を確認する（研究開発費・広告宣伝費など）。
営業利益	営業利益率から事業の収益力を確認する。
営業外収益 **営業外費用**	営業外損益がプラスかマイナスかによって、財務体質の強さを確認する。
経常利益	
特別利益 **特別損失**	特別損益によって、企業の大きな変化と、過去から抱えてきた課題の処理状況を確認する。
税金等調整前当期純利益 **法人税、住民税及び事業税**	
当期純利益	

　また、この比率が同業他社よりも低い場合は、値引きのしすぎや製造や仕入の段階でのコスト高などが考えられます。比率が低い理由を確認すると同時に、改善の余地がないかよく検討することが必要になります。

　その次は、販売管理費を差し引いた本業の成果を表す売上高営業利益率です。世界の優良企業の多くは、通常10％程度の売上高営業利益率を確保しています。業種による違いはありますが、競合他社と比較して遜色《そんしょく》ないレベルを確保しているか確認することが重要です。

　次は、本業とは別に毎年発生する損益である営業外損益まで含めた経常利益率です。ここで利益が大きく落ち込む場合は、預金の受取利息などが少なく借入金や社債の支払利息が多いなど、財務が弱い可能性もあり注意が必要です。

最後は、一時的に発生した損益を表す特別損益と税金まで含めた当期純利益率です。これはすべての活動の結果であり、株主のものとして配当のベースにもなるので、その水準は重要です。

なお、売上高規模や成長率、また利益率は、業界や事業モデルによって違ってきます。したがって、基本的に同業界の似た事業モデルの企業同士で比較することが重要になります。

また、しっかりとした儲けの構造を作り上げていくためには、京セラ名誉会長の稲盛和夫氏がその著書『実学』の中で「値決めは経営」と書いているように、安易な値引きは避けて適切な価格を設定することと、「売上高－必要利益＝コスト目標」というように、達成可能な売上高と必要利益から逆算してコストの上限を考える、といった管理会計的な発想も必要になります。

エグゼクティブへの道②

矢吹は、味の素の2013年3月期の連結（グループ全体の）損益計算書を上から順

図表1-2　味の素の連結損益計算書（2013年3月期）

	（単位：百万円）	（単位：%）
売上高	1,172,441	100.0
売上原価	788,105	67.2
売上総利益	384,337	32.8
販売費及び一般管理費	313,104	26.7
営業利益	71,232	6.1
営業外収益	9,944	0.8
営業外費用	4,009	0.3
経常利益	77,167	6.6
特別利益	49,141	4.2
特別損失	25,481	2.2
税金等調整前当期純利益	100,828	8.6
法人税、住民税及び事業税	45,732	3.9
少数株主利益	6,722	0.6
当期純利益	48,373	4.1

＊味の素の有価証券報告書から抜粋

に見ていった。

まず売上高は約１兆１７２４億円。最近５年間は１兆２０００億円前後でほぼ横ばいが続いている。次に売上高総利益率は約33%。食品業界は原価率が低く売上高総利益率がやや高めだと聞いたことがあったが、確かにそのとおりだ。

そのあとの販売管理費は、一般消費者向けのB to C（Business to Customer）ビジネスが中心であるためか、約27%と比較的多くなっている。その結果、営業利益率は約６%となっている。

次の営業外損益はあまり大きくな

い。また特別損益もそれなりの金額があるものの、利益と損失が相殺《そうさい》されて結果として大きな変化はない。さらに約40％の税金が引かれて、最終的な利益である当期純利益率は約４％となっている。

矢吹はこの数字を見ながら、「バランスがとれており、あまり問題がなさそうだ」という感想を持った。

しかし、味の素のＨＰの中で「グローバル食品トップ10企業になるために営業利益率７％を目指す」と記載されているのを見つけ、「この目標を考えると、若干低い営業利益率を高めること、横ばいが続く売上高を成長させることの２つが、味の素の課題ではないか……」と思いはじめた。

②売上高総利益率と管理のスタンス

儲けの構造について最初の重要なポイントは、売上高から原価を差し引いた儲けのレベルを表す売上高総利益率です。前述のように、製造業や小売業の多くの企業の売上高総利益率は20〜30％程度ですが、化粧品、製薬、ゲームソフト業界などでは70〜90％もあります。

この売上高総利益率のレベルの違いは、管理会計のテーマである売上原価や販売管理費のコストダウンへの取り組み方、在庫（棚卸資産）の管理や売上債権（売掛金など）の回収に対する方針と関係があります。

一般に、売上高総利益率が低い、つまり原価率が高い事業では、利益を出すために、まずコストの中で比重の高い売上原価の削減や販売管理費の効率的な使用をしっかりと行い、厳しいコスト管理をすることが必要になります。

また、このような事業では、在庫の数はあまり多くなくても金額に置き換えるとかなり大きな数字になるので、在庫を減らし、不良在庫の発生を抑えることがより重要になります。

さらに、利益率が低い事業では、ちょっとした不良債権の発生が利益を大きく減少させる可能性もあるので、売上債権の回収を早め、不良債権の発生を抑えることも重要になります。

一方で、売上高総利益率が高い、つまり原価率が低い企業では、売上原価や販売管理費をある程度増やしても利益は確保できるので、コストを徹底的に抑えるという視点だけではなく、販売量の増加や価格の維持といった効果につながるのであれば積極的に使うことも可能になります。

また、在庫についても、数は結構あっても金額に直すとそれほど大きくはならないので、顧客がほしい時にいつでも販売できるように、やや多めの在庫を保有することもできます。

そして売上債権の回収期間についても、利益率が高い場合には不良債権が若干発生したとしても利益で吸収できる余地もあるので、顧客の要望に合わせて回収期間を少し長めにすることも可能になります。

例えば、日本を代表する自動車メーカーであるトヨタは徹底したコスト管理、在庫管理で有名ですが、これはトヨタをはじめとする自動車業界の売上高総利益率が20〜30％程度と低めであることも背景にあります。

一方で、売上高総利益率が高い化粧品業界では、その高い付加価値を維持するために、広告宣伝費をはじめとする販売管理費を比較的多く投入しています。

さらに顧客のニーズに応えるため、色や成分を変えたいろいろな種類の口紅やファンデーションなどを取り揃えるために、在庫の保有日数が長めになるといった傾向もあります。

もちろんどの業界でも、可能な限りコストを引き下げ、在庫や売上債権を少なくすることは重要です。しかし、売上高総利益率のレベルによってそのスタンスには違いが出てくるという面もあるのです。

読者の皆さんも、自社、あるいは関心のある企業の売上高総利益率を確認し、管理会計の

図表1-3　業界による総利益率の違いと販管費及び棚卸資産等の日数

	トヨタ	第一三共	コーセー	味の素
売上高総利益率	15.5%	68.6%	75.3%	32.8%
売上高販売管理費率	9.5%	58.5%	68.4%	26.7%
売上高営業利益率	6.0%	10.0%	7.0%	6.1%
売上債権回転期間	33日	87日	53日	62日
棚卸資産回転期間	34日	203日	184日	74日

（4社の2013年3月期の連結財務諸表をもとに計算）

テーマであるコスト管理、在庫管理、債権管理の方針について改めて考えてみてもいいのではないでしょうか。

エグゼクティブへの道③

矢吹は、味の素の連結損益計算書をもとに売上高総利益率を計算してみた。結果は32・8％と製造業としては一般的なレベルである20％から30％よりもやや高い水準である。しかし、このレベルだと、ある程度厳しいコスト管理、在庫管理、債権管理をする必要がありそうだ。

実際に、業界の取引慣習が影響する傾向が強い売上債権回転期間はコーセーよりも若干長くなっているが（図表1―3参照）、売上高販売管理費率、棚卸資産回転期間はトヨタに次いで短くなっている。

③ 販売費及び一般管理費の使い方

儲けの構造で重要なポイントの２つめは、販売費及び一般管理費の使い方です。業界によってその内訳や金額の大きさは違いますが、同業界の事業モデルが似ている企業同士で比較してみると、戦略などの違いとともに儲けの構造が見えてきます。具体的には、各費用の金額の大きさと売上高に対する比率に注目することが重要です。

最初に注目したいのは、攻めのコストである研究開発費と広告宣伝費です。この２つは海外企業でも金額を公表している場合が多いので、グローバル比較も可能です。

研究開発費の売上高比率は業界によって違いますが、一般に新薬の開発をベースとする製薬業界の企業が最も高く、15〜20％程度、総合電機やＩＴ業界の企業では５〜15％程度、自動車業界では４〜５％程度、食品業界では１〜３％程度になっています。

一方で広告宣伝費の売上高比率は、消費財メーカーでは３〜５％程度であることが多くなっています。

この２つのコストは新製品や新技術の開発、顧客の新規開拓や関係維持、またブランド構築など、将来に向けた投資的なものであり、その企業の今後の動向を推測する意味で、同業他社との比較は重要になります。

次に販売手数料、販売奨励金、販売促進費などの金額が公表されている場合はその水準にも注目することが重要です。

これらの費用の中身は企業ごとに少しずつ違いますが、メーカーの場合は一般に問屋や小売への手数料、小売業の場合はポイント付与など、直接的かつ即効性を狙った販売施策に関連するコストが含まれています。

これらのコストの売上高に対する比率から、販売施策の積極性が分かります。

さらに人件費と減価償却費が公表されていれば、これらの売上高比率にも注目しましょう。販売費及び一般管理費に含まれる費用は、営業、マーケティング、管理部門のコストであり、人件費の比率が高い場合は、これらの部門の従業員の数が多い、年齢が高い、給与が高い可能性があります。

また減価償却費の比率が高い場合は、店舗、本社、物流センターなど、販売や管理に関係する設備にカネをかけ自ら保有している可能性があります。利益を生み出すという面から適正な水準となっているか、という視点で確認することが重要です。

なお、販売管理費の内訳は、損益計算書の中に記載されているケースと、財務データの後ろに注記として記載されているケースとがあるので注意が必要です。

エグゼクティブへの道④

矢吹は味の素の販売管理費の内訳を見てみた。売上高に対する各費用の比率を見ていくと、研究開発費は2・8%と製造業としてはやや低めである一方で、広告宣伝費2・8%、販売関係費用4・6%といったマーケティング・営業関係の費用の比率がやや高くなっている。

研究開発費の率が低めなのはやや意外に感じたが、中心となっている食品事業では一般に技術的な変化はあまり激しくなく、研究開発にそれほど大きな金額を投入する必要がないと考えると納得がいく。

それに対して、主力製品である調味料や冷凍食品を一般消費者向けに販売するB to Cビジネスでは営業・マーケティングが重要で、それに関係した費用がある程度必要になっている。

一方で人件費が5・8%になっているのは、販売・管理部門にそれなりの数の従業員がいること、減価償却費が0・8%にとどまっているのは、販売管理に関係する設備はそれほど所有してないことを意味していそうだ。

なお、これをキャッシュフロー計算書に記載されている会社全体の減価償却費（424億6300万円）と比較すると、約25%弱にしかならない。これは、売上原価に含まれる製造関係の工場などの設備の減価償却費が75%超を占めていることを意味している。

つまり味の素の設備の中心は製造設備であり、製造も自ら行っている企業の特徴が表れている。

矢吹は、味の素の販売管理費の内訳から儲けの構造がおぼろげながら見えてきたことに興味を持った。

そこで業界による違いを知るために、健康食品に近い一般用医薬品である養命酒を製造販売する養命酒製造、製薬業界の代表的企業の1社であるエーザイ、レガシィをはじめ自動車を中心に技術力に定評がある富士重工、ユニクロを中心に製造までコントロールしてヒートテックなどのヒット商品を生み出しているファーストリテイリング、讃岐うどんの丸亀製麺を中心に急成長している外食のトリドールの売上原価率、販売管理費の内訳を比較してみた。

《ケーススタディ》異業種5社の販売管理費と儲けの構造の比較

まず、売上原価率を見てみると、養命酒製造、エーザイという医薬品メーカー2社と、外食企業であるトリドールがかなり低くなっています。

ところがファーストリテイリングは、一般に原価率が低いといわれるアパレルの事業を行っているものの、製品の品質を重視しながら価格は低めに設定しているため50%程度、また部品の積み上げによってしっかりとした自動車を作っている富士重工は80%弱と高めになっています。

一方で販売管理費は、原価率の高い業界では低めに、逆に原価率の低い業界では高めにという傾向が表れています。

ただし、その内訳には特徴があります。養命酒製造は、一般医薬品として、継続して認知度を高め顧客を開拓し維持するために、広告宣伝費にかなりのコストをかけています。一方で研究開発費は、既にメインの製品は開発済みであるため、比較的少なめです。

しかし、同じ医薬業界でも最先端の医薬品の開発を継続的に行っているエーザイは、研究開発費の売上高に対する比率は約21%に達しています。

また、本格的な医薬品の販売を行っているため、あまり広告宣伝費は使用せず、逆に問屋

図表1-4　儲けの構造の比較

(単位：%)

	味の素	養命酒	エーザイ	富士重工	ファーストリテイリング	トリドール
売上原価率	67.2	32.7	30.4	78.5	48.8	24.9
販管費率	26.7	53.2	57.4	15.2	37.6	65.2
研究開発費	(2.8)	(3.6)	(21.0)	(2.6)		
広告宣伝費	(2.8)	(23.5)		(2.6)	(4.7)	
販売関係費用	(4.6)		(12.0)	(2.3)		
人件費	(5.8)	(10.0)	(9.2)	(2.7)	(9.0)	(26.2)
減価償却費	(0.8)	(1.9)			(2.0)	(5.5)
賃借料					(9.7)	(11.1)
店舗関係費用						(11.5)
営業利益率	6.1	14.1	12.3	6.3	13.6	9.9

＊６社の2013年３月期の連結財務諸表をもとに集計
＊記載がない部分は公表されていないことを表す

に対する手数料や医師に対する医薬品の説明などに関係する販売関係費用にコストをかけています。

他方、富士重工は、原価率が高い事業であるため、販売管理費は比較的少なくなっていますが、マーケティング、研究開発などにバランスよくコストを投入しています。

ファーストリテイリングとトリドールは、販売・管理関係の人件費、また減価償却費や賃借料をはじめとする店舗関係の費用が比較的多くなっています。

なお外食産業は、一般に①食材のコストである売上原価と、②販売管理費に含まれる人件費、また③店舗関係その他の費用、という３つのコストの売上高に対する比率が、それぞれ約30％ずつとなり、10％程度の営業利益が確保できるといいといわれています。

ここから考えると、トリドールは、原価率、人件費、店舗関係・その他の費用がそれぞれ大体25～30％程度で、約10％の営業利益率を確保しており、外食企業の優等生といえます。

なお、広告宣伝費については、以前からフリースやヒートテックといった機能性に優れたヒット商品によって業績を確保する傾向のあるファーストリテイリングが、それを認知してもらうためにかなり使っています。

しかし、低価格のうどんを販売し、口コミやリピートを中心に勝負するトリドールは広告宣伝費をほとんどかけていません。

④営業外損益と特別損益を見る

儲けの構造の全体像を見るには、本業で儲けた営業利益のあとにある、本業以外で毎年続く財務を中心とした活動による損益を表す営業外損益や、臨時・異常な出来事による損益を表す特別損益を確認することも大切です。最終的な利益であり、株主にとっての儲けでもある当期純利益は、すべての損益を集計した上で出てくるからです。

まず営業外損益には、預金の金利や借入金の金利など財務に関係するものを中心に、本業以外で毎年継続して出てくるような儲けやコストが含まれています。営業外収益は、預金からの「受取利息」、株式からの「受取配当金」などが中心になります。

一方で営業外費用は、借入金や社債の「支払利息」などが中心です。

営業外損益の合計がプラスの場合は、一般的に借入金などの支払利息よりも預金や株式からの受取利息や受取配当金が多いことを意味するので、借金が少なく預金や株をかなり保有しているといった、財務面の安全性が高い企業である可能性が高くなります。

逆に大きなマイナスの場合は、安全性が低い企業である可能性が高いといえます。この営業外損益の部分は、ファイナンスの大きなテーマの1つであり、第3章で取り上げる資金調達の方法によってかなり影響をうけます。

なお営業外損益には、為替レートの変化によるドルやユーロなどの外貨や外貨建ての売掛金・買掛金の価値の変化などを表す「為替差損益」や、20〜50％程度の株を保有して緩やかな関係のあるグループ企業の当期純利益の持株比率分を利益として集計する「持分法投資損益」が含まれています。

これらの項目から、円高や円安による影響の大きさや、緩やかな関係のあるグループ企業の業績などを知ることができます。

次に特別損益には、金額・質ともに臨時の損益が含まれています。2011年は東日本大震災によって多額の特別損失を計上した企業も多かったのですが、特別損失には企業が過去から抱えてきた問題に関連する損失も含まれます。その金額が大きい場合は注記などからその原因を確認することが必要です。

また、ファイナンスの考え方であるDCF法を使って将来のキャッシュフロー予測をもとに計算した減損損失がある場合には、事業の不振や買収の失敗などによって、土地や建物などの有形固定資産や買収の際に評価した無形の資産価値である〝のれん〟の価値が大幅に低下していることを意味しますので、注意が必要です。

エグゼクティブへの道⑤

矢吹は、味の素の営業外損益と特別損益の内訳を見始めた。

まず営業外損益の金額はあまり大きくはない。これは、味の素が借入金や社債よりもキャッシュがやや大きい実質無借金経営の企業であり、借入金や社債とキャッシュがいずれもあまり大きくはないことが関係していそうだ。

ただ、2013年3月期までの3年間、営業外収益の中に毎年約30億円の持分法投資

図表1-5　味の素の営業外損益の内訳

（単位：百万円）

	2011/3	2012/3	2013/3
営業外収益			
受取利息	1,232	1,847	1,857
受取配当金	939	974	1,044
持分法投資利益	2,990	2,401	3,058
その他	2,250	2,265	3,985
合　計	7,411	7,487	9,944
営業外費用			
支払利息	2,440	2,167	1,931
その他	3,846	1,985	2,078
合　計	6,286	4,152	4,009

利益、つまり緩やかな関係のあるグループ会社の儲けの集計分が含まれている。これを見ると、そうしたグループ会社が全体として儲けを生み出していることが分かる。

次に３年間の特別損益を見てみよう。初めに２０１１年３月期は、佐賀県とブラジルの事業が一部不振であるために固定資産の価値を減らした減損損失と、一部の保有有価証券の時価が大きく下がったことによる投資有価証券評価損が計上されている。そして２０１２年３月期は、受取保険金が約60億円集計されている。これは、２０１１年３月期と２０１２年３月期に計上されている、東日本大震災やタイで発生した洪水による損失に対応するものである。

一方で２０１３年３月期は、グループ会社であったカルピス社の株式をアサヒビールグループに売却

図表1-6　味の素の特別損益の内訳

（単位：百万円）

	2011/3	2012/3	2013/3
特別利益			
受取保険金		6,012	
関係会社株式売却益			18,201
厚生年金基金代行返上益			27,752
その他	3,220	1,076	3,188
合　計	3,220	7,088	49,141
特別損失			
減損損失	8,503		14,562
投資有価証券評価損	7,416		
その他	9,356	10,915	10,919
合　計	25,275	10,915	25,481

＊金額の大きな項目（50億円以上のもの）のみを記載している。

したことなどによる関係会社株式売却益182億100万円、国に関係する年金の仕組みを変更したことによる厚生年金基金代行返上益277億5200万円、逆に国内の医薬事業の再編やフランスでの甘味料事業の不振などのために発生した減損損失145億6200万円が中心となっている。なお、この減損損失に関係している2つの事業は、味の素の今後の業績に影響を及ぼす可能性もあるので、状況をフォローしていくことが必要だ。

それでも全体として見ると、営業外損益や特別損益によって利益は大きく引き下がることはなく、本業の儲けである営業利益率約6％から40％程度の税金が差し引かれ、当期純利益率は約4％を確保している。

この節のまとめ

＊ 損益計算書は、企業の1年間の活動報告書である。

＊ 売上高規模、各コストの構成比率、それぞれの利益率から、その企業の優位性や儲けの構造が分かる。

＊ 売上高総利益率が低いほど、コストの圧縮や在庫の削減が重要になる傾向が強い。

＊ 業界によって異なるが、販売管理費（研究開発費や広告宣伝費など）の使い方から各企業の戦略の一端が分かる。

＊ 優良企業といわれる企業は、約10％の営業利益率を確保していることが多い。

＊ 営業外損益の状況から財務の強さなどが分かり、特別損益、中でも特別損失から災害による影響や事業のリストラなどの様子が分かる。

2　事業の構造と財務の安全性をつかむ：貸借対照表

この節のポイント

ここでは、決算日のいわば〝数字の写真〟である貸借対照表から、事業の構造や財務的な安全性をつかむためのポイントについて学んでいきます。さらに、資産項目の大きさから事業のポイントをつかんだり、キャッシュを生み出すための具体策を検討する方法についても取り上げます。

エグゼクティブへの道⑥

矢吹は味の素の損益計算書を見ていく中で、約1・2兆円という大きな売上高を確保し、食品事業として一般的なやや高めの約33％という総利益率、約6％の営業利益率、約4％の当期純利益率をあげ、日本の代表的食品メーカーの1社として順調な業績を確保していることが分かってきた。

そこで、次に名前は聞いたことはあるがじっくりと見たことはない貸借対照表を見ようと考えた。まずは読み方を知ろうと入門書を開くと、貸借対照表から企業の事業の構造と財務的な安全性が分かる、と書かれていた。
ただ、具体的にはどこをどのように見ればいいのだろうか。その答えを探そうと、矢吹は貸借対照表の解説を読み始めた。

①貸借対照表とは何か～その基本構造

貸借対照表（ＢＳ：Balance Sheet）は、決算日時点の企業の状況を数字で表した〝写真〟のようなものです。左側（資産）にはその時点で企業が保有しているものがリストされており、右側（負債と純資産）には資産を持つための資金をどのように集めているのかがリストされています。

左側と右側の合計金額は当然一致するということでバランスシート、もしくは貸（右側）と借（左側）の対照表と呼ばれています。

左側の資産は、通常決算日から1年以内にキャッシュや費用などに変化する流動資産と、1年を超えて変化する固定資産とに分かれています。流動資産には現金預金、すぐキャッシ

図表1-7　貸借対照表のイメージ
——事業の構造と財務的な安全性が分かる

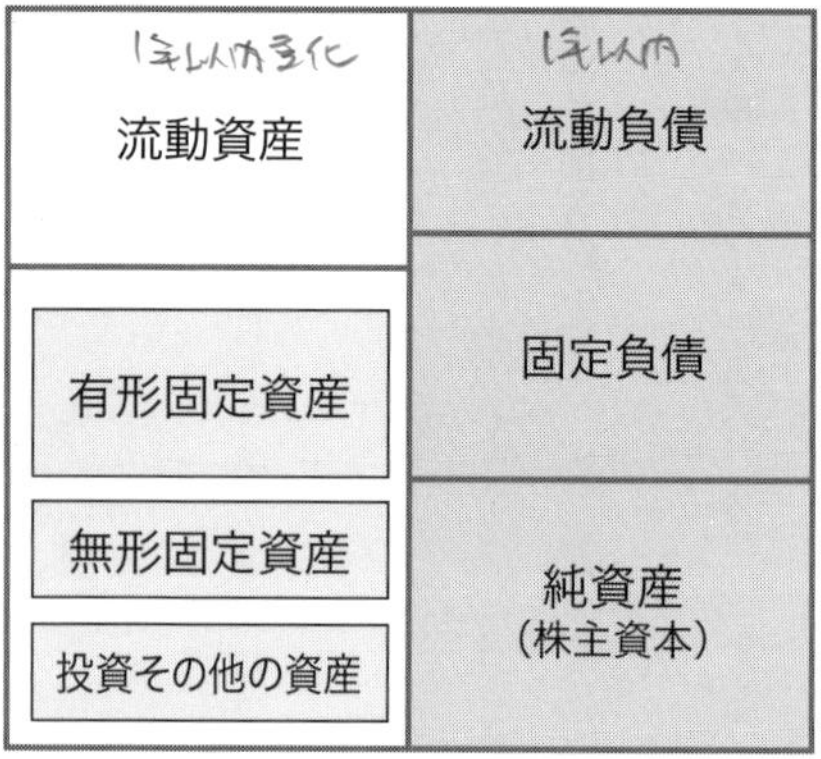

ュになる有価証券、顧客へ販売した代金の未回収分である売掛金、これから販売する商品や製品などの棚卸資産などが含まれます。

一方で固定資産は3つに分かれます。最初の有形固定資産には、建物や機械、土地といった形があり長く保有するものが含まれています。

次の無形固定資産にはのれん、つまりM&Aを実行した時に営業力や技術力といった無形の価値を評価して追加で払った金額や、ブランドを買った場合にでてくる商標権、さらに外部に依頼して作成したソフトウエアといった無形で価値のあるものが含まれます。

最後の投資その他の資産には、1年以上保有する予定の社債や株式などを意味する投資有価証券、オフィスや店舗を借りる場合に支払う差入保証金などが含まれます。

右側の負債は株主以外から預かっている資金のことであり、通常決算日から１年以内に支払うものかどうかで流動負債と固定負債に分かれています。

このうち流動負債には原材料や商品を買った代金の未払いである買掛金、１年以内に返済する短期借入金、経費の未払いを意味する未払費用などが含まれています。固定負債には、決算日から１年以上先に返済する社債や長期借入金などが含まれます。

右下の純資産は、株主から預かっている資金のことです。以前は資本と呼ばれていましたが、数年前から正式な名前が純資産に変わりました。株主から実際に出資してもらった金額がベースとなる資本金や資本剰余金、過去からの儲けを積み上げてきた金額である利益剰余金などが含まれています。

エグゼクティブへの道⑦

矢吹は２０１３年３月期の味の素の連結貸借対照表を見てみた。まず資産は１兆９１７億円、負債が４０００億円、純資産が６９１７億円となっている。日本を代表する食品メーカーの１社として、大きな連結貸借対照表であることを改めて実感した。

図表1-8　味の素の連結貸借対照表（2013年3月期）

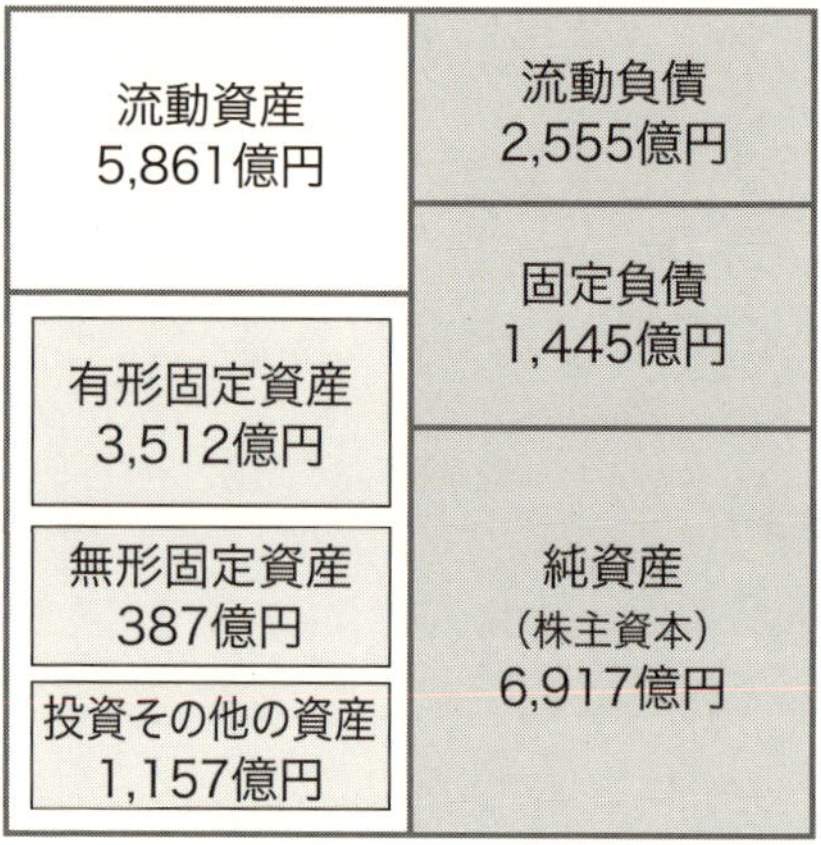

ワンポイント：貸借対照表などの財務報告書はどこで入手できるのか

　上場公開企業の財務報告書は、通常各企業のホームページの「投資家情報」あるいは「IR情報」というセクションの中で公表されており、誰でも入手することができます。

　具体的には、四半期ごとに作成される監査終了前の業績の速報である「決算短信」と、通常1年間の事業年度ごとに作成される正式な財務報告書である「有価証券報告書」（通称「有報」：ゆうほう）」の2種類があります。

　決算短信は、決算日からできれば30日以内に、また遅くても45日以内に公表することになっており、有価証券報告書は決算日から3

か月以内（通常は株主総会の直後）に公表することになっています。

２つの資料の財務数値は通常は同じですが、有価証券報告書のほうが数字の内訳など、より詳しい追加的な情報が多く記載されています。

反対に非公開企業の財務報告書は、株主にならない限りなかなか入手することができません。大手企業の場合は、ホームページや新聞で公表しているケースもありますが、通常はあまり詳しい情報は公表されません。

また、信用調査会社の報告書の上に掲載されている場合もありますが、これは監査法人などの監査が行われていないケースもあり、信頼できないこともあります。

このように、非公開企業の財務報告書の入手や活用には限界があるということに注意が必要です。

②事業の構造をつかむ

バランスシートの左側にある資産の内訳を見ていくと、企業の事業の構造、つまりどのような経営資源をもとに、どのような仕組みで事業を行っているのかが見えてきます。

一般に製造業・小売業など多くの業界の企業では、①流動資産（通常1年以内にカネなどに変化する資産）、②有形固定資産（建物・機械・土地など）、③無形固定資産と投資その他の資産の合計、の3つが、それぞれ約3分の1ずつになっているケースが多くなっています。そのため、逆にこの3つの資産の大きさから、事業の構造が見えてくるのです。

流動資産が大きい場合は、一般に2つのパターンが考えられます。1つは現金預金やそれと同じと考えられる有価証券など、多額のキャッシュを持っているケースです。このような企業は、よくキャッシュリッチと呼ばれます。

例えば不安定なゲーム事業を無借金&キャッシュリッチといった強い財務体制で支え、リスクヘッジをしている任天堂は、2013年3月期に現金預金と有価証券の合計で資産の約60%を占める9033億円ものキャッシュを保有しています。

任天堂は、2012年3月期、2013年3月期と2年連続で営業利益が赤字となっていますが、このような財務の強さから考えると、かなり長期間赤字が続いても十分持ちこたえられる体力はありそうです。

もう1つは、販売した代金の未回収分である売掛金や、商品あるいは製品などの棚卸資産といった日々の事業に直接関係する資産が大きいケースです。一般に代金回収に時間がかか

図表1-9　一般的な貸借対照表の資産の構造

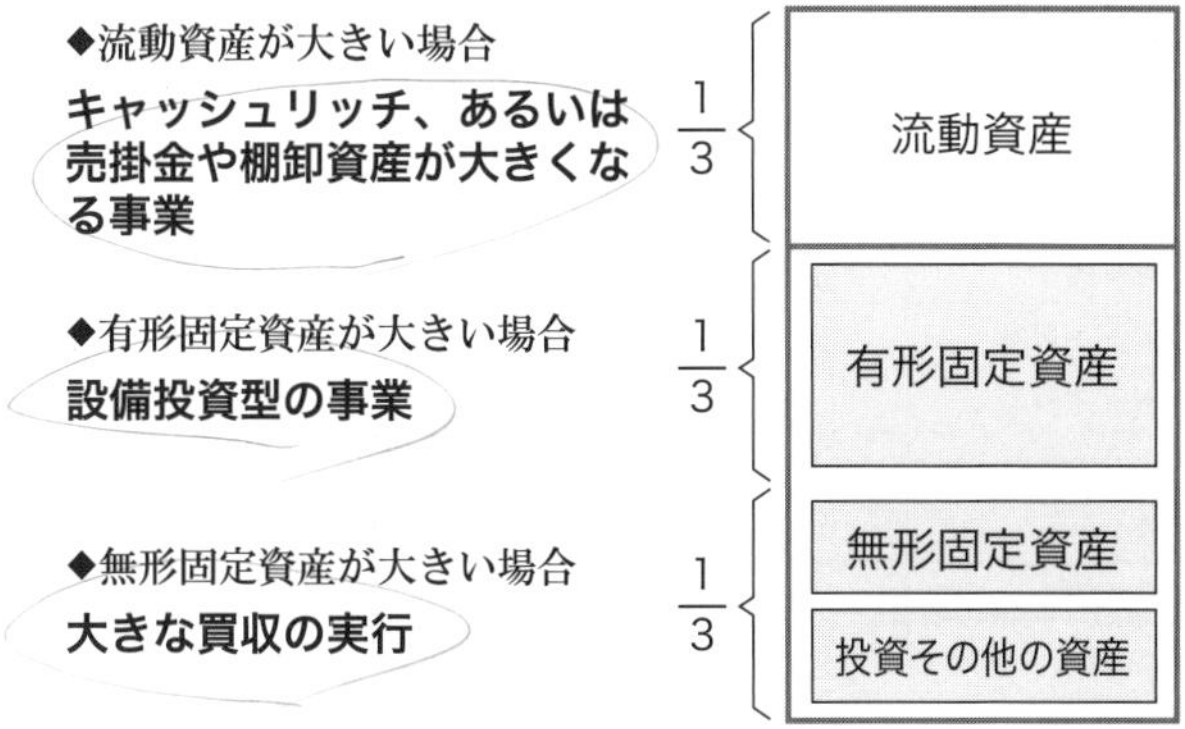

り多くの在庫を保有する問屋業では、この部分が大きくなります。

例えば売上高約２・７兆円を誇る日本最大の薬の卸業であるメディパルホールディングスの２０１３年３月期の連結貸借対照表を見てみると、売掛金（売上債権）と棚卸資産が資産全体の約58％を占めています。

一方で、現金商売が中心で在庫がない鉄道事業などではこの部分は小さくなります。例えば、ＪＲ東日本の２０１３年３月期の連結貸借対照表を見てみると、売掛金と棚卸資産は資産全体の６％弱しかありません。

次の有形固定資産が大きくなるのは設備投資型の事業です。さきほどのＪＲ東日本では、有形固定資産が資産合計の約82％を占めています。

図表1-10　事業の違いと貸借対照表の構造

（単位：%）

	味の素	任天堂	JR東日本	武田薬品	メディパルH
流動資産	54	82	10	37	77
金融資産	(17)	(62)	(2)	(14)	(14)
売上債権	(18)	(3)	(5)	(9)	(47)
棚卸資産	(15)	(12)	(1)	(6)	(11)
有形固定資産	32	6	82	13	15
無形固定資産	4	1	1	43	1
投資その他の資産	11	11	6	8	7
資産合計	100	100	100	100	100
流動負債	23	13	18	16	67
固定負債	13	2	54	28	4
純資産	63	85	28	56	29
負債・純資産合計	100	100	100	100	100

※5社の2013年3月期有価証券報告書をもとに計算

逆に、固定費を圧縮してリスクを減らすために基本的にグループ内では工場を持たず、また製造しないファブレスの形態を採用する任天堂では、キャッシュが多いことで比率がより低くなっている面もありますが、有形固定資産は資産合計の6％程度しかありません。

最後に無形固定資産、中でも「のれん」が大きい場合は買収による痕跡です。のれんはM&Aを行った時にだけ出てくるものです。

将来のキャッシュフロー予測をもとに評価するDCF法などファイナンスの考え方を使って評価した買収金額と、被買収企業のバランスシートをもとにした価値との差額、つまり営業力や技術開発力といったバランスシートに表れない無形の価値を評価した金額です。

これが大きいと、無形の価値を評価したM&Aを行って成長してきたことを意味しています。

また、ブランドなどを購入した場合は商標権が大きくなります。例えば2008年頃から海外を中心に積極的なM&Aを行っている武田薬品工業では、2013年3月期にのれん、販売権、特許権を中心に無形固定資産の資産合計に対する比率が約43%に達しています。

エグゼクティブへの道⑧

矢吹は、2013年3月期の味の素の連結貸借対照表を見てみた。

流動資産が5861億円と資産合計の約54%を占めているのに対して、有形固定資産は約32%の3512億円、一方で無形固定資産と投資その他の資産は約15%の1544億円と少なくなっており、流動資産が大きく無形固定資産や投資その他の資産が小さい構造となっている。

また、大きくなっている流動資産の中身を見ると、売掛金と棚卸資産という日々のオペレーションに関係する資産が3574億円と比較的多く、在庫をある程度保有し、回収期間も一定期間かかるビジネスを行っていることが分かる。

一方で、のれんは48億円しかなく、M&Aはあまり行っていない様子がうかがえる。

矢吹は、貸借対照表の大まかな構成に味の素の状況が表れている、という印象を持った。

③資産項目の大きさと事業の重要ポイント

これまで見てきたように、資産の内訳から事業の構造が見えてきます。また、同時に資産の中で金額の大きな項目から、その企業や事業にとって重要なポイントをつかむこともできます。

例えばキャッシュが大きい場合は財務的に安全です。しかし、一方でそのキャッシュを今後どのように活用していくのかがその企業の課題でもあります。

キャッシュの使い道には大きく、①借入金や社債などの返済（負債に使う）、②事業投資やM&A（資産に使う）、③配当や自社株買いなどの株主への還元（純資産に使う）、という3つがあります。

通常、キャッシュリッチの企業の場合は、①についてはあまり考える必要がないので、実質的には②と③が選択肢になります。つまり、多くのキャッシュを事業の投資やM&Aなどに使うのか、株主に返すのか、よく考える必要があるのです。

次に、売掛金や棚卸資産の金額が大きい場合は、回収に時間がかかり、かなりの在庫を持たなければならない事業を行っていることを意味しています。

一般に、キャッシュフローを早めに生み出し、損失につながる不良債権や不良在庫を生み出さないようにするためには、売掛金や棚卸資産をできるだけ少なくすることが望ましいといえます。

回収条件の交渉をして売掛金を減らしたり、仕入や保管の仕組み、生産のやり方を変えることによって棚卸資産を減らすことができないか、絶えず考えていくことが重要になります。

次に、有形固定資産が大きい場合は設備投資型の事業をしていることを意味します。

その場合は稼働率を見ながら、設備が不足してれば新規投資の必要はないか、稼働率が低ければもっと活用する余地はないのか、不要な設備があれば廃棄の必要がないか、よく検討することが必要です。

その判断をする際は、あとで説明するようにファイナンス・管理会計に関わる投資プロジェクトの評価ツール、つまりその事業投資を行うことで「現時点の価値でいくら（金額）」儲かるのかを計算するＮＰＶ法や、「年平均で何パーセント」儲かるのかを計算するＩＲＲ法などを使うことが必要になります。

最後に無形固定資産と投資その他の資産、中でものれんなどの無形固定資産が大きい場合は、これまでに大きなM&Aを行ってきたことを意味しています。

この場合は、M&Aの成果を出すことが重要になります。買収金額に見合うような業績が出ないと、のれんの価値が減少して損が発生しているということで、「減損」という損失を集計する必要が出てきます。そうならないように、実行したM&Aのフォローをしっかりと行い、その成果をより高めるために努力をしていくことが重要になります。

エグゼクティブへの道⑨

矢吹は、味の素の連結貸借対照表の資産の中身を改めて確認してみた。日々のオペレーションに関係する売掛金や棚卸資産が比較的多く、設備に関係する有形固定資産もそれなりにある。

ここから考えると、今後は売掛金や棚卸資産の管理をしっかりと行うことと、設備の有効活用や新規の設備投資の意思決定をしっかりと行うことが、味の素の重要なポイントだということが分かってきた。

図表1-11　安全性が高い貸借対照表

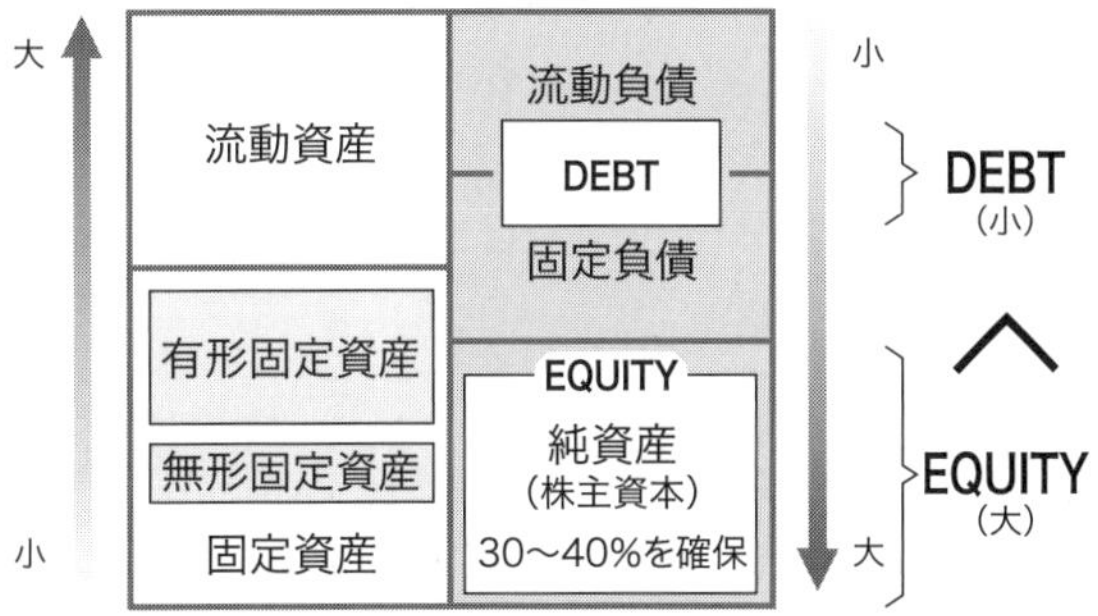

1　左は上が大きく、右は下が大きい。
2　純資産／総資産の比率が30〜40%を確保している。
3　デットエクイティレシオ（DEBT÷EQUITY）が100%以内となっている。

④財務的な安全性を見る

バランスシートの構造から、財務的な安全性をつかむこともできます。

まず注目したいのは、貸借対照表の左側と右側の構造です。通常貸借対照表の左側の資産はカネになりやすい順に、また右側の負債と純資産はカネですぐに払わなければいけない順に並んでいます。

つまり左側は、上にあるすぐカネになる流動資産、中でも現金預金や有価証券が大きく、下にあるなかなかカネにならない固定資産が小さい構造だと一般に安全性は高くなります。

また右側は、上にあるすぐ支払わなければ

ならない流動負債が小さく、下にあるゆっくり支払ってもいい固定負債、さらに支払う必要のない純資産が大きい構造だと安全性は高くなるのです。

もう1つは、右下にある純資産の資産合計に対する比率、つまり純資産比率（純資産÷資産合計）です。

この比率が高いほど、支払う必要がない株主からの資金を中心に集めていることになるため、安全性は高くなります。純資産比率は一般に製造業・小売業など多くの業界では30～40％程度の場合が多いので、そのレベルを基準に安全の基礎体力を評価することができます。

また、社債や借入金などの借りている金額のことを英語でデット（DEBT）と呼びますが、この合計を株主から預かっている純資産（英語でエクイティ：EQUITY）と比較したデットエクイティレシオ（DEBT÷EQUITY）も重要です。

これは一般に100％以内、つまり借りている金額が株主から預かっている金額と同じかそれ以下となっていることが望ましいといわれています。

また、この比率をもとに、100％以内を上限とすると借入金や社債をどこまで増やすことができるかと考え、追加で借りられる金額を逆算することもできます。

なお、ここで取り上げた純資産の比率やデットエクイティレシオは、第3章でとりあげる

図表1-12　東京エレクトロンと東急電鉄の貸借対照表の構造

（単位：%）

	東京エレクトロン	東急電鉄
流動資産	67	13
金融資産	(31)	(1)
売上債権	(13)	(5)
棚卸資産	(17)	(3)
有形固定資産	17	74
無形固定資産	8	1
投資その他の資産	8	12
資産合計	100	100
流動負債	14	25
固定負債	8	50
純資産	78	25
負債・純資産合計	100	100

＊２社の2013年３月期の有価証券報告書をもとに計算

ファイナンスの大きなテーマの１つである資金調達の方法と密接な関係があります。のちほど、不確実性を意味するリスクや資金提供者が期待している儲けのレベルである資本コストなどと関連付けて、改めて確認してみましょう。

また、安全性の適正水準は、事業の安定度によっても違ってきます。一般に売上高や利益のブレが大きく不安定な事業を行っている場合には、厳しい状況にも耐えられるように安全性は高い方が望ましく、一方で安定度が高い事業を行っている場合には、やや低めでも問題ありません。

例えば、米国企業との経営統合を発表した東京エレクトロンは、業績の変化が激しい半導体製造設備の製造を行っているため、流動資産がキャッシュを中心に67％、純資産比率が78％とかなり安全性の高い貸借対照表になっています。

一方で安定した鉄道事業がベースとなっている東京急行電鉄では、事業が設備投資型であることから、流動資産が13％であるのに対して有形固定資産が74％と資産全体に占める設備の比率が圧倒的に高くなっています。

また、その資金を借入金や社債で調達しているために純資産比率は25％と低めとなっており、貸借対照表の構造から見た安全性はそれほど高くはありません。

エグゼクティブへの道⑩

矢吹は味の素の財務的な安全性を確認するために、改めて連結貸借対照表を見てみた。左側は流動資産の資産合計に対する比率が約54％と比較的高くなっている。また右側の純資産の資産合計に対する比率も約63％と高く、デットエクイティレシオも約17％と低くなっている。

さらに、デットエクイティレシオを仮に100％まで高めると、4500億円強の借入金・社債を使った買収や投資が可能になる。このような点から考えると、味の素の安全性は非常に高く、いろいろな危機への対応力もあり、新規投資などの攻めの経営を行うベースも十分にあるといえそうだ。

ワンポイント：貸借対照表から考えるキャッシュを生み出す方策

経営危機に直面している企業やキャッシュ不足の企業がキャッシュを生み出すための方策は、貸借対照表をもとに考えることができます。

貸借対照表を見ると、左上、つまり流動資産の最初に現金預金や有価証券、すなわちキャッシュが記載されています。これを増やすための具体策を、貸借対照表をもとに考えてみましょう。

まず、右側の負債と純資産の合計が変わらない場合、キャッシュ以外の資産が減少すると、貸借対照表がバランスするためには、キャッシュが増加する必要があります。つまり、キャッシュ以外の資産が減少することが、キャッシュを生み出すことにつながります。

具体的には、回収を早めて売掛金を減少させたり、販売見込みの精度を高めて商品の保有量を減らすことで棚卸資産を減少させたり、不要な設備の売却によって有形固定資産を減少させることが、キャッシュの増加につながるのです。

図表1-13　キャッシュを生み出すための方策

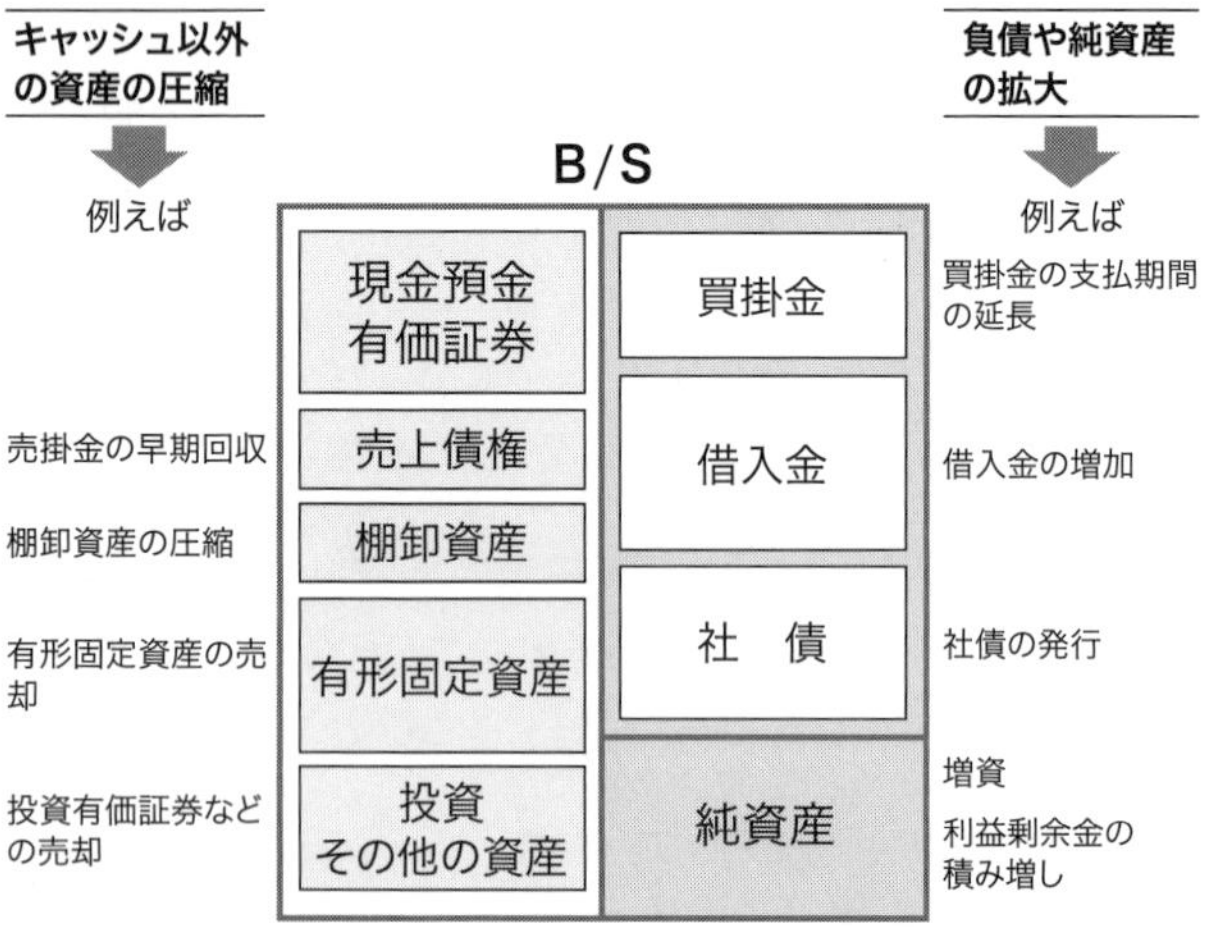

一方で、キャッシュ以外の資産が変わらない場合は、負債や純資産が増加すると、貸借対照表がバランスするためにはキャッシュが増加する必要があります。つまり、負債や純資産が増加することがキャッシュを生み出すことにつながるのです。

具体的には、原材料を供給する企業への支払いを若干延ばして買掛金を増やしたり、銀行から資金を借り入れて借入金を増加させたり、増資によって資本金を増加させたり、儲けをあげることで利益剰余金を増加させたりすることが、キャッシュの増加につながるのです。

つまり、キャッシュ以外の資産の項目を見ながら、どれかを減らすことができないか、また負債や純資産の項目を見ながら、どれか増やせるものはないのかを考えていくことがキャッシュを生み出す具体策につながるのです。

この節のまとめ

＊ 貸借対照表は、決算日の〝数字の写真〟である。

＊ 一般事業会社では、流動資産、有形固定資産、その他の資産がそれぞれの3分の1ずつという資産構成になっていることが多い。また資産の構成比率から事業の構造の特徴が分かり、また金額の大きい項目がその企業の重要なポイントを表していることが多い。

＊ 貸借対照表の構造、つまり左上と右下が大きい傾向か、純資産比率が高いか、デットエクイティレシオが低いか、といった点から、財務的な安全性が分かる。

＊ 貸借対照表をもとに、キャッシュ以外の資産項目の圧縮、負債、純資産の項目の増加を検討することによって、キャッシュを生み出すための具体策を考えることができる。

3　企業の実際の動きをつかむ：キャッシュフロー計算書

この節のポイント

ここでは、企業のキャッシュフローをもとにした活動報告書であるキャッシュフロー計算書について学んでいきます。

営業活動、投資活動、財務活動という3つのキャッシュフローの意味と、そのプラス・マイナスの関係、また営業活動と投資活動の合計で計算するフリーキャッシュフローなどから、企業の実際の動きをつかむ方法を取り上げます。

エグゼクティブへの道⑪

矢吹は味の素の損益計算書から、消費財をベースとするメーカーとして原価率はやや低いものの、マーケティング・営業関係のコストをやや多めに使い、それなりの営業利益率を確保している儲けの構造が分かった。

また貸借対照表からは、売掛金や棚卸資産（在庫）などの事業活動に関わる運転資本が比較的多く、設備もそれなりに保有しているという事業の構造と、抜群の財務的な安全性を確認することができた。

そこで、次に重要だとされる3つ目の財務データであるキャッシュフロー計算書を、財務分析の入門書を片手に見始めた。企業の実際の活動の様子が分かるといわれるキャッシュフローという切り口からは、味の素はどう見えるのだろうか。

①キャッシュフロー計算書とは何か～その基本と営業活動

キャッシュフロー計算書は、キャッシュフロー、つまりおカネの流れをベースにした企業の実際の活動の報告書です。そのキャッシュフローは3つの活動に分けて集計されています。最初の営業活動は、事業から儲けとして生み出すことができたキャッシュフローのことです。次の投資活動は、設備投資やM&Aといった投資に関係するキャッシュフローです。最後の財務活動は、企業に資金を提供している株主や銀行などの債権者と企業とのキャッシュのやり取りに関係するキャッシュフローを意味しています。

これらに、為替レートの変化によるドルやユーロなどの円での価値の変動と、キャッシュ

図表1-14　キャッシュフロー計算書

営業活動からのキャッシュフロー	← 本業で儲けたキャッシュフロー。通常はプラス
投資活動からのキャッシュフロー	← 事業投資や財務投資に関連するキャッシュフロー。通常はマイナス
財務活動からのキャッシュフロー	← 資金提供者（株主や債権者）とのやり取りに関連するキャッシュフロー。
合　計	
現金及び現金同等物の換算差額	
現金及び現金同等物期首残高	
現金及び現金同等物期末残高	

の期首残高を加え、最終的にキャッシュの期末残高が集計されていきます。つまり、1年間にどのような理由でキャッシュが増加あるいは減少したのかを集計したものなのです。

営業活動は、税金等調整前当期純利益をスタートにして、利益の動きとキャッシュの動きのズレを調整する形で集計されています。

調整のポイントは、大きく2つあります。すなわち、(1)収益や費用の中でキャッシュの動きがないものの調整と、(2)運転資本の変化による調整です。

(1)の代表例は減価償却費です。減価償却費は設備などの投資金額を、それが使える期間に割り振った費用であり、その期だけで考えるとキャッシュの支払いがない費用です。

したがって、最初の利益を計算する中で費用として差し引かれていても実際はキャッシュの支払いはありません。そこで、利益からキャッシュフローを計算するために、利益に加えていきます。

⑵は売掛金や棚卸資産、買掛金の金額の変化による利益とキャッシュのズレを調整したものです。例えば売掛金や棚卸資産が増加している場合は、未回収分が多く、棚卸資産をより多くもつために、利益があがった割にキャッシュがたまらないと考えて差し引いていきます。

営業活動は事業からのキャッシュベースでの儲けであり、通常はプラスの数字になります。ただし、そのうち減価償却費を加えた金額がかなりの部分を占めている場合は、設備投資型の事業である可能性が高く、また実質的な儲けはあまり生み出せていないことを意味しています。

エグゼクティブへの道⑫

矢吹がベンチマークしている味の素のキャッシュフロー計算書を見てみると、売上高約1兆2000億円、営業利益率約6％という順調な業績をもとに、2013年3月期はそれ以前と遜色ない885億円の営業活動からのキャッシュフローを生み出している。キャッシュフローから見ても事業は順調だ。

図表1-15　味の素のキャッシュフロー計算書（2013年3月期）

営業活動からのキャッシュフロー	88,501	（百万円）
税金等調整前当期純利益	100,828	
減価償却費	42,463	
売上債権の増減額（△は増加）	15,158	
仕入債務の増減額（△は減少）	△ 18,516	
棚卸資産の増減額（△は増加）	△ 7,048	
⋮		
投資活動からのキャッシュフロー	15,201	
財務活動からのキャッシュフロー	△ 74,419	
現金及び現金同等物の換算差額	8,838	
現金及び現金同等物の増減額（△は減少）	38,122	
現金及び現金同等物期首残高	146,647	
現金及び現金同等物期末残高	184,770	

②投資活動と財務活動

２つ目のキャッシュフローは投資活動です。これには、設備投資やM&Aといった事業に関係するものと、余裕のあるキャッシュを使った有価証券の購入といった財務に関係するものが含まれています。

この中には、投資のために出ていくキャッシュフローだけでなく売却によって入ってくるキャッシュフローも含まれます。

しかし、通常は投資することの方が多いため、投資活動の合計はマイナスであることが多くなっています。

具体的には、設備投資は「有形固定資産の

増加額」、M&Aは「連結の範囲の変更を伴う子会社株式の取得による支出」「子会社株式の取得による支出」といった項目で通常記載されています。

これらの項目の金額が大きい場合は、積極的な投資をしていることになります。また、運用のために社債を買ったり売ったりした場合は、「有価証券の取得」「有価証券の売却」といった項目で記載されます。

2012年に行われた日本企業最大のM&Aは、ソフトバンクが行った米国の携帯電話と長距離通信事業会社であるスプリント・ネクステルの買収です。その様子を、2013年3月期のソフトバンクのキャッシュフロー計算書から見てみましょう。

まず、営業活動からのキャッシュフローは8944億5900万円のプラスです。ソフトバンクは8期連続で営業利益最高益を更新するという好業績を背景に、巨額の営業活動からのキャッシュフローを生み出しています。

他方、投資活動によるキャッシュフローは9197億6900万円の大きなマイナスです。通信関連の設備投資とスプリント・ネクステルの買収に関連する転換社債の購入を中心に、巨額な営業活動のプラスを上回るキャッシュフローを投資活動に投入しており、投資に対する積極的なスタンスが表れています。

３つ目のキャッシュフローである財務活動には、資金を提供している株主や銀行などの債権者と企業とのキャッシュのやり取りが含まれます。これは成長ステージにあって投資などに資金が必要な時には、増資や借り入れによってプラスの場合が多くなります。

一方で安定期に入ると、配当や自社株買いによる株主への儲けの還元や、借りた資金の返済によってマイナスとなる場合が多くなります。

具体的には、増資は「株式の発行による収入」、借入は「長期借入金の増加による収入」「社債の発行による収入」といった項目で、また配当は「配当金の支払額」、自社株買いは「自己株式の取得による支出」、借りた資金の返済は「借入金の返済による支出」「社債の償還による支出」といった項目でそれぞれ記載されています。

なお、配当については、一般に配当性向（配当金額÷当期純利益）を基準に、連結ベースで当期純利益の30〜40％程度を支払う企業が多くなっています。

ただ、配当性向は、成長期や危険な状況にある企業では配当する余裕がないため低めになり、また事業が不安定な場合もやや低めに、安定している場合はやや高めになる傾向があります。

さらに、自社株買いも株を買い戻して株主に資金を戻すという意味では、配当と同じく株主に儲けを還元する手段の1つと考えられます。その自社株買いを配当と合計して株主還元性向（〈配当＋自社株買い〉÷当期純利益）の目標を設定している企業もあります。

このような配当性向や株主還元性向などをもとに、当期純利益のどの程度を配当あるいは自社株買いに向けているかを確認することも重要です。株主への還元のポイントについては、第4章で詳しく扱います。

エグゼクティブへの道⑬

矢吹がベンチマークしている味の素は、2012年3月期には投資活動は417億円のマイナスと、933億円の営業活動のプラスの半分程度におさまっており、かなり余裕を持って投資をしている。

また、財務活動は、現金預金が借入金や社債の金額よりも大きいという実質無借金の状況にあることを背景に、借入金の変化はほとんどない。一方で株主への還元は、配当金132億円と自社株買い200億円の2つでそれなりに行っている。

ところが、2013年3月期は少し違った状況になっている。

営業活動のキャッシュフローは順調な事業展開の中で前年に近い885億円を確保し

図表1-16　味の素のキャッシュフロー計算書：投資活動&財務活動

（単位：百万円）

	2012/3	2013/3
投資活動からのキャッシュフロー		
有形固定資産の取得による支出	△ 45,401	△ 60,691
有形固定資産の売却による収入	1,412	1,134
無形固定資産の取得による支出	△ 3,659	△ 5,045
投資有価証券の取得による支出	△ 214	△ 324
投資有価証券の売却による収入	2,102	241
連結の範囲の変更を伴う子会社株式の取得による支出		
連結の範囲の変更を伴う子会社株式の売却による収入		80,890
関係会社株式の取得による支出	△ 1,414	△ 3,650
その他	5,473	2,646
合　計	△ 41,701	15,201
財務活動からのキャッシュフロー		
短期借入金の純増減額（△は減少）	2,122	△ 6,026
長期借入れによる収入	23	115
長期借入金の返済による支出	△ 5,225	△ 4,344
配当金の支払額	△ 13,221	△ 12,830
自社株式の取得による支出	△ 20,045	△ 50,225
その他	△ 1,110	△ 1,109
合　計	△ 37,456	△ 74,419

注）△はマイナスを表す

たものの、投資活動については子会社であったカルピスの株式をアサヒグループホールディングスへ売却したことによってキャッシュを獲得している。その結果、設備投資は行ってはいるが、投資活動全体としては１５２億円のプラスとなっている。

また、財務活動は、前年とほぼ同じく借入金の変化はない一方で、株主への還元は配当金１２８億円と自社株買い５０２億円の２つで積極的に行っている。このように、２

013年3月期はカルピスの売却によって投資活動がプラスとなったことが特徴である。なお、配当性向は日本企業としては平均的な約30%、株主還元性向は自社株買いを行った関係で2年平均で約90%と高めになっており、株主還元を重視している企業といえそうだ。

③企業の動きの見方とフリーキャッシュフロー

キャッシュフロー計算書の営業活動、投資活動、財務活動という3つのキャッシュフローの関係から、企業の動きをつかむこともできます。

まず安定した通常の状態で動いている場合は、事業から稼いだ営業活動のプラスが大きくなる一方で投資は定期的な設備投資が中心となり、投資活動のマイナスはそれほど大きくはならないケースが一般的です。

そこで残ったキャッシュを、配当や自社株買いといった株主への還元を中心に使い、財務活動はマイナスになることが多くなります。

次に、成長するために活発に活動している場合は、事業から稼いだ営業活動のプラスはあ

図表1-17　キャッシュフローの動きと、企業の状況

	安定	成長	リストラ
営業活動	プラス大	プラス	プラス
投資活動	マイナス	マイナス大	ゼロ or プラス
財務活動	マイナス（配当 or 自社株買い）	プラス（増資 or 債務の増加）	マイナス大（債務圧縮）
フリーキャッシュフロー（営業活動＋投資活動）	プラス	マイナス	プラス

る程度は確保するものの、将来に向けてそれを上回るような投資を行うため、投資活動は大きなマイナスとなります。

逆に財務活動は、そこで不足するキャッシュを借入金や社債の発行などで集めるため、プラスになることが多くなります。

さらにリストラを行っている場合は、事業から稼いだ営業活動のプラスに加えて、事業や設備の売却などによって投資活動でもプラスを確保し、２つの活動で生み出したキャッシュで借入金を返済することが多いため、財務活動は大きなマイナスとなることが多くなります。

このように、３つのキャッシュフローの関係からも企業の動きはつかめるのです。

ちなみに、営業活動と投資活動を合計したものをフリーキャッシュフローと呼ぶことがあります。フリーキャッシュフローは、もともとは自由に使えるキャッシュフローという意味ですが、より詳しくは、投資まで含めた事業全体として生み出したキャッシュフローを意味しています。

また、フリーキャッシュフローはさらなる投資、借りた資金の返済、株主への配当などいろいろな目的のために自由に使えるキャッシュフローのことでもあります。

このフリーキャッシュフローは、安定している通常の状態では営業活動で稼いだキャッシュフローの範囲内で投資活動を行うのでプラス、成長のために活発に投資をしている場合は、営業活動で稼いだキャッシュフローを上回るキャッシュを投資活動に使うため、マイナスになることが一般的です。

リストラの場合は、営業活動で生み出したキャッシュフローに加えて、投資活動でも事業や設備の売却でキャッシュを生み出すことが多く、通常はプラスとなっています。

エグゼクティブへの道⑭
フリーキャッシュフローの観点から味の素を見ると、2012年3月期は516億円のプラス、2013年3月期もカルピスの株式売却分が含まれているとはいえ営業活動をベースに1037億円のプラスであることを考えると、基本的に安定した通常の状態が継続しているといえそうだ。

また、味の素は財務目標の1つとして400億円のフリーキャッシュフローの確保を掲げているが、これは2年連続で達成している。

《ケーススタディ》ソフトバンクとシャープの動きを見る

まずソフトバンクは、２０１２年３月期には、営業活動は大きなプラス、投資活動は営業活動の範囲に抑え、財務活動も長期借入金の返済などを中心にマイナスと、安定パターンとなっています。またフリーキャッシュフローもプラスを確保しています。

しかし、大きな買収を行った２０１３年３月期は、買収によって営業活動での稼ぎを上回るキャッシュを投資活動で使ったため、フリーキャッシュフローはマイナスとなり、財務活動はそのマイナスを埋め合わせるために、社債の発行などを中心にプラスとなっています。

これは典型的な成長パターンです。このようにソフトバンクは大きな買収によって、もともと安定パターンだったキャッシュフローの構成が成長パターンへと大きく変化しています。

の状況

(単位:百万円)

	ソフトバンク		シャープ	
	2012/3	2013/3	2012/3	2013/3
	740,227	**894,459**	**△143,302**	**△81,075**
	632,256	650,494	△238,429	△466,187
	275,825	340,696	248,425	177,765
	△5,031	2,656	16,571	△13,223
			△48,686	228,510
	△3,004	2,656	△147,162	△89,765
	△159,819	△102,043	25,979	81,825
	△375,655	**△919,769**	**△159,557**	**7,110**
	△455,023	△548,602	△118,168	△61,459
	△33,323	△368,511	△3,326	△1,935
	△4,007	△18,669	△4,405	△366
				65,143
	116,700	16,013	△33,658	5,727
	△196,667	**365,494**	**256,381**	**51,637**
	△124,291	350,131	93,634	436,398
	△25,000		211,865	△351,000
	600,819	153,314	8,833	22,169
	△919,696	△299,234	△31,331	△16,032
	179,159	474,607	4,453	1,248
	△163,437	△95,074	△12,555	△23,279
	△25,766	△90,588	△13,237	△5,500
				△10,000
	281,545	△126,662	△5,281	△2,367
	364,572	△25,310	△302,859	△73,965
	安定	成長	業績不振	業績不振 + リストラ

他方、ここ数年業績が悪化し、事業の再構築に取り組んでいるシャープは、2012年3月期、2013年3月期と2年連続で営業活動はマイナスとなっています。営業活動のキャッシュフローは、その計算の中で減価償却費が加えられていることも考えると、普通は利益

図表1-18　味の素・ソフトバンク・シャープのキャッシュフロー計算書

	味の素	
	2012/3	2013/3
営業活動からのキャッシュフロー	**93,312**	**88,501**
税金等調整前当期純利益	72,091	100,828
減価償却費	43,717	42,463
売上債権の増減額	△14,098	15,158
棚卸資産の増減額	△16,040	△7,048
仕入債務の増減額	10,562	△18,516
その他	△2,920	△44,384
投資活動からのキャッシュフロー	**△41,701**	**15,201**
有形及び無形固定資産の取得による支出	△49,060	△65,736
有価証券及び投資有価証券の取得による支出	△214	△324
連結の範囲の変更を伴う子会社株式の取得による支出		
連結の範囲の変更を伴う子会社株式の売却による収入		80,890
その他	7,573	371
財務活動からのキャッシュフロー	**△37,456**	**△74,419**
短期借入金の純増減額	2,122	△6,026
コマーシャル・ペーパーの増減額		
長期借入れによる収入	23	115
長期借入金の返済による収入	△5,225	△4,344
社債の発行による収入		
社債の償還による支出		
配当金の支払額	△13,221	△12,830
自己株式の取得による支出	△20,045	△50,225
その他	△1,110	△1,109
フリーキャッシュフロー	51,611	103,702
フリーキャッシュフローから見た状況	安定	安定 ＋ リストラ

よりも大きな数字となります。

つまりこれがマイナスということは、業績面で利益の赤字よりも大きな問題を抱えていると考えられそうです。シャープの営業活動は2011年3月期まではプラスを確保しており、ここ2年連続の営業活動のマイナスは、かなり厳しい状況にあることを意味しています。

投資活動と財務活動については、2012年3月期は、設備投資をはじめとする投資活動でそれなりにキャッシュを使ったため、その埋め合わせのために財務活動では短期的な借入の手段であるコマーシャルペーパーなどで資金を集めています。

反対に2013年3月期は設備投資を抑え、さらに子会社の株式を売却したことで投資活動をプラスにするとともに、財務活動でも短期借入金を中心に資金を集めてプラスにし、営業活動のマイナスを埋め合わせています。

つまり、2012年3月期は業績不振の中でも、何とか投資は継続していこうという動きが見えますが、2013年3月期は業績不振が続く中で、事業の見直しなどのリストラクチャリングを開始し、銀行からの資金調達にも頼り始めた様子が表れています。

ただ、2年連続して営業活動がマイナスとなる中で、財務活動として短期的な借入であるコマーシャルペーパーの発行や短期借入金の増加によってキャッシュを確保している様子は、資金繰りを少しでも改善するために短期の資金も使って資金確保を行っているように見受けられます。早期の業績回復を期待したいと思います。

④キャッシュフロー計算書とファイナンスの関係

３つの財務諸表の中で、ファイナンスと最も関係が深いのがキャッシュフロー計算書です。まずファイナンスでは、企業あるいは事業が生み出す儲けを、実際に使うことのできる裏付けのあるキャッシュフローで考えます。そのキャッシュフローの動きは、まさにキャッシュフロー計算書に表れています。

具体的には、細かな違いはありますが、営業活動と投資活動を合計したフリーキャッシュフローとほぼ同じものを、事業などから生み出すフリーキャッシュフローと考え、その予測額をもとに投資プロジェクトの評価を行っていきます。

また、投資活動には、設備投資やM＆Aなど、企業がファイナンスの評価ツールを使って検討して実行した投資の活動の結果が集計されています。このような投資プロジェクトの評価に関係する内容は、第２章で取り上げていきます。

さらに財務活動には、第3章で取り上げる資金調達の方法に関係する増資や借入金を使った資金調達の様子や、第4章で取り上げる配当や自社株買いといった株主還元の様子が集計されています。

この節のまとめ

＊キャッシュフロー計算書から、キャッシュフローをベースにした企業の実際の動きが分かる。
＊キャッシュフロー計算書は営業活動、投資活動、財務活動の3つに分けて集計されている。
＊営業活動のキャッシュフローから、事業からの儲けの状況が分かる。
＊投資活動のキャッシュフローから、設備投資や企業買収、あるいは財務関係の投資の状況が分かる。
＊財務活動のキャッシュフローから、株主や銀行といった資金提供者と企業とのやり取りの状況が分かる。
＊営業活動と投資活動の合計のことを、資金提供者に自由に分配できる投資まで含めた事業からの儲けという意味で、フリーキャッシュフローと呼ぶ。
＊営業活動、投資活動、財務活動という3つのキャッシュフローのプラス・マイナス、フリーキャッシュフローのプラス・マイナスから、安定、成長、リストラといった企業の活動の様子が分かる。

4　企業の実力をつかむ：財務比率分析とセグメント情報

この節のポイント

ここでは、企業の業績を比較するためのツールである財務比率分析と、事業の詳しい内訳を分析するセグメント情報の見方について学んでいきます。

財務比率については、総合力を表すＲＯＥやＲＯＡを中心に、それらを分解した「収益性」「効率性」「安全性」、さらに規模の拡大の状況を分析する「成長性」の４項目の関係を、セグメント情報については、事業分野別、地域別の情報とその見方を取り上げます。

エグゼクティブへの道⑮

最近、矢吹は新聞や雑誌でＲＯＥという言葉をよく見かけるようになったなと思った。財務諸表について勉強を始めた関係で、今までさっとしか見なかった企業関係の記事を丁寧に見るようになったためであろうか。昨日の新聞でも、ＲＯＥが８％を超える企業は株価が上昇する傾向が強い、という記事に目が留まった。

記事を読んだ後、いくつも疑問が湧いてきた。

ＲＯＥは株主が重視する指標だということは何となく分かっているが、実際にはどういうものだろうか。なぜ８％を超えると株価が上がるのだろうか。これまで見てきた味の素のＲＯＥはどのようなレベルなのだろうか。財務諸表から見えてきた、味の素の順調な業績、財務的な安全度の高さ、キャッシュフローから見える安定した動きは、ＲＯＥや財務比率にも表れているのであろうか。

そこで、まずはＲＯＥとそれに関係する財務比率について学ぶため、入門書を読み進めた。

①ＲＯＥとデュポンシステム

財務比率の中心は、株主から見た投資効率を表すＲＯＥ（Return On Equity：自己資本比率）です。ＲＯＥは、株主にとっての儲けである当期純利益を、株主が出している資金である自己資本（純資産とほぼ同じものです）で割って計算します。

ＲＯＥ　＝　当期純利益　÷　自己資本（ほぼ純資産と同じ）

ＲＯＥが高い場合は、株主の立場から見て、投入している資金に対してより多くの儲けを獲得できていることを意味しているので、株主から見た投資効率がいいことになります。

つまりＲＯＥが高い企業は、株主から見て、投資した金額に対してより多くの儲けを生み出しているという意味で魅力的なのです。

日本企業のＲＯＥの平均は、２００８年の金融危機前では約10％でした。その後低下しましたが徐々に回復してきており、２０１３年３月期は約６～７％程度となっています。以前から、日本企業の平均として８％程度は確保したいといわれてきましたが、ようやくその水準近くに回復してきた状況です。

なお、この８％は、第２章で説明するファイナンスの中心的なテーマの１つである株主が期待している儲けの率、つまり株主資本コストがベースになっていると考えられます。

その理由は、最近の日本では誰でも稼ぐことができる国債金利が１～２％程度、株式投資というリスクを取ることによる平均的な追加の儲けの期待度、つまりリスクプレミアムが６％程度であり、この２つを合計すると約８％程度になるからです。

ＲＯＥが高い理由を考えたり、今後高めていくためにどうすればいいのかを検討したりする際、ＲＯＥを３つの掛け算に分解して詳しく見ていく方法がよく使われています。

具体的には、分母と分子に売上高と総資産を入れ込むことによって、収益力を表す当期純利益率（当期純利益÷売上高）、資産を効率よく使い売上高につなげているのかを表す総資産回転率（売上高÷総資産）、借入金などの負債をどの程度活用しているかを表す財務レバレッジ（総資産÷自己資本）の３つの掛け算に分解していくのです。

この分解式は米国のデュポン社が使い始めたためデュポンシステムと呼ばれています。

ＲＯＥ　＝　当期純利益／売上高　×　売上高／総資産　×　総資産／自己資本

　　　　＝　当期純利益率　×　総資産回転率　×　財務レバレッジ

このうち当期純利益率は最終的な収益力を表しており、これまで見てきたように業種によって水準は異なります。

次に総資産回転率は、製造業では１００％前後が多く、ヤマダ電機などの大量販売の小売業などでは分子の売上高が大きくなるため高めに（ヤマダ電機：２０１３年３月期は約１５

0%)、JR東日本などの設備投資型企業では分母の総資産が大きくなるために低めに（JR東日本：2013年3月期は約37%）なります。

また財務レバレッジは、300%前後のことが多くなっています。

この分解式をもとにすると、ROEは、利益率を高め、資産を効率よく使って売上高を高め、借入金を適度に活用することで高くなります。

このうち3つ目について株主の立場から考えると、金利を上回る儲けが出る場合、借りた資金で事業を行えば自らは資金を出さずに利ザヤが抜けることになります。

つまり、ROEの計算式をもとにすると、借りた資金で事業を行えば分母の自己資本は変わらずに、利ザヤによって分子の当期純利益が増加するため、ROEは高くなるのです。

したがって、株主は適度に借入金を使って財務レバレッジをある程度高くしてくれることを望む、と考えることもできます。

ここでレバレッジは、レバー（テコ）が効いているという意味ですが、これは株主の立場から考えると、借入金を使うことは他人の金をテコのように使っているように考えられることからつけられた呼び方です。

米国の優良企業の中にはこの点を考え、財務的に危険にならない範囲で絶えず借入金や社

図表1-19　ROEの計算とデュポンシステム

ROE（自己資本利益率：Return On Equity）
——株主から見た投資効率を評価する指標

デュポンシステム：ROEの3つの比率への分解式

$$\mathrm{ROE} = \frac{\text{当期純利益}}{\text{売上高}} \times \frac{\text{売上高}}{\text{総資産}} \times \frac{\text{総資産}}{\text{自己資本}}$$

当期純利益率	総資産回転率	財務レバレッジ
収益性	効率性	負債の有効活用

注）自己資本 ＝ 純資産 －（少数株主持分 ＋ 新株予約権）

債を使い、また儲かっても借りた資金は返済せずに株主への配当などを優先する企業もあります。

とはいえ、借入金や社債が多くなると財務的な安全性は確実に下がりますので、財務レバレッジは適度な水準を維持することが重要になります。この点は、第3章の資金調達の方法のところで取り上げる最適な資本構成、つまり最適な社債・借入金と株主資金の理想的な構成比率につながってきます。

また目標とするROEを達成するためには、現状のROEをデュポンシステムによって分解し、当期純利益率、総資産回転率、財務レバレッジのどれをどの程度まで高める必要があるのか、また実際に高めることが可能か、という視点から今後の具体的な数値目標やそれを実現するための具体的な施策を考えていくというアプローチも重要です。

エグゼクティブへの道⑯

味の素は、ROE8%を財務目標の1つとして掲げている。2013年3月期のROEは、それをやや下回る7・8%となっている。

また、分解式をみると、目標である7%にもう一歩の営業利益率6・1%をもとに当期純利益率は4・1%を確保し、買収によるのれんなどが少ないことを背景に製造業としてはやや高めの107%の総資産回転率を確保している。

一方で、財務レバレッジは純資産が多いために176%(日本の上場公開企業の平均は300%前後)と低くなっている。

これから考えると、営業利益率の改善を中心とした当期純利益率の改善と、財務レバレッジの若干の活用が目標とするROE8%達成のカギになりそうである。

味の素のROE〔2013年3月期〕

7・8% = 4・1% × 107% × 176%

②収益性、効率性、安全性、成長性

財務比率の次のポイント、「収益性」「効率性」「安全性」は、ROEのデュポンシステムと関係が深くなっています。つまり、デュポンシステムで3つに分解した当期純利益率、総資産回転率、財務レバレッジをそれぞれ詳しく分析していくものが収益性、効率性、安全性の分析になるのです。

まず収益性は、当期純利益率を様々な売上高利益率を計算しながら詳しく分析していくものです。

具体的には、売上高から売上原価を差し引いた「売上高総利益率」、販売管理費まで含めた本業の成果を表す「営業利益率」、さらに財務を中心に本業以外の損益まで含めた通常の活動の結果を表す「経常利益率」です。

これらは、基本的には第1章の1で見てきた損益計算書をもとにした儲けの構造の分析と同じものです。

次の効率性は、総資産回転率の詳しい分析になります。総資産回転率（売上高÷総資産）

は、分母の総資産が小さく、分子の売上高が大きい場合、つまり資産を持たずに大きな売上高を上げると高くなり、効率が良いことになります。

さらに、資産はＢＳの数字、売上高はＰＬの数字であることを考えると、小さなＢＳの数字と大きなＰＬの数字の組み合わせが、効率が良いということになります。

具体的には、売掛金などの売上債権の回収期間を表す売上債権回転期間（売上債権÷１日あたりの売上高）、棚卸資産の保有日数を表す棚卸資産回転期間（棚卸資産÷１日あたりの売上原価）、買掛金などの仕入債務の支払期間を表す仕入債務回転期間（仕入債務÷１日あたりの売上原価）などです。

いずれも短いと、回収が早く、棚卸資産が少なく、支払いが早いという意味で、カネの回転が早い効率的な事業運営をしていることを意味します。

また、その場合は、売上債権・棚卸資産・仕入債務といったＢＳの数字が小さく、売上高や売上原価といったＰＬの数字が大きいといった効率のいい組み合わせになっています。

最後の安全性は、財務レバレッジと関係が深い安全性の詳しい分析になります。財務レバレッジ（総資産÷自己資本）の逆数である自己資本比率（自己資本÷総資産）は、株主からの資金の資産に対する比率であり、安全性を評価する代表的な指標です。

図表1-20　ROE＆デュポンシステムと各比率の関係

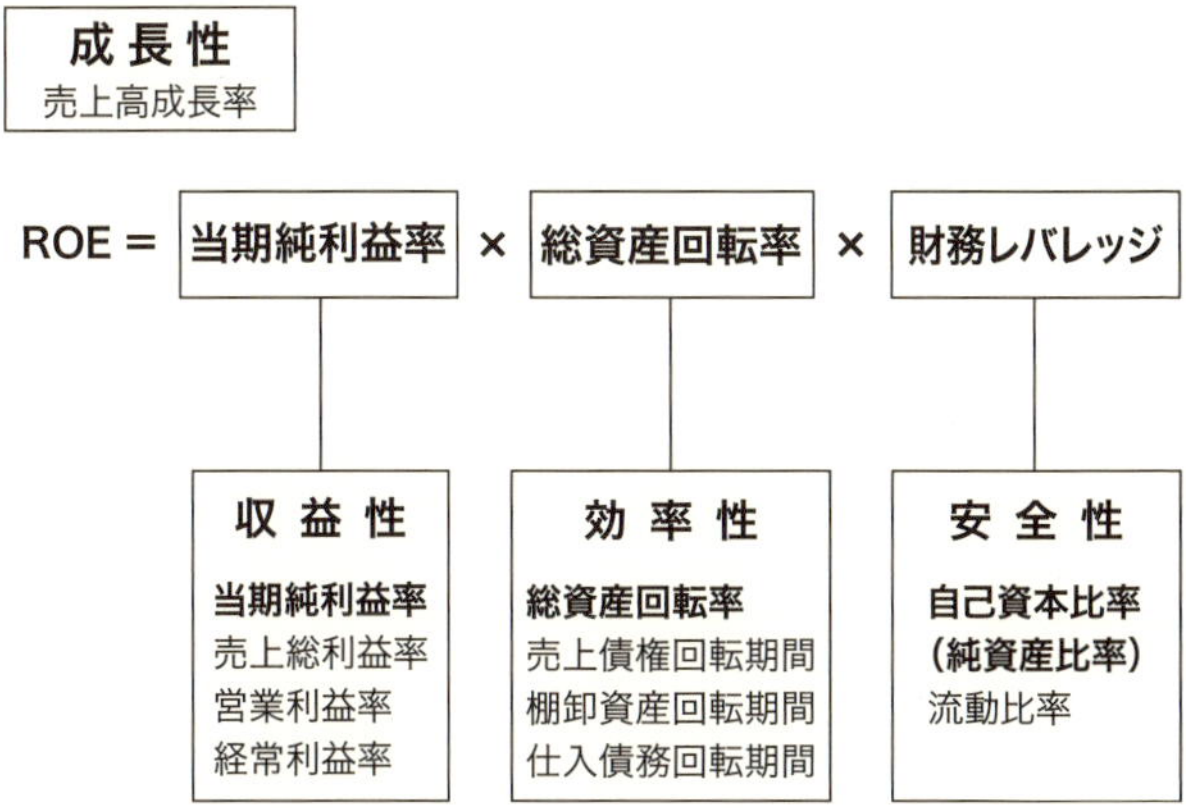

自己資本は純資産とほぼ同じものなので、結果として自己資本比率は純資産比率とほぼ同じになり、前述のように通常30～40％程度のことが多くなっています。

ただ、一般に事業の安定度が高い場合は借入金を使う余地があるため自己資本比率はやや低めに、逆に事業の安定度が低い場合は、万が一に備えて借入金を少なくするため自己資本比率はやや高めになるという傾向があります。

それ以外に、100％以上は欲しいといわれる短期的な支払いに問題がないかどうか、つまり資金繰りの状況を評価する流動比率「流動資産÷流動負債」もあります。

なお、ROEには2つ注意点があります。

1つは結果が％であることから分かるように、投資効率を表しているだけで規模は関係ないことです。規模の維持や拡大は、一定のシェアを確保できているか、企業が活性化しているかという意味で重要です。そこで4つ目のポイントである「成長性」を追加で確認することが必要になります。成長性の分析では、売上高成長率などを計算し、市場や競合企業の成長率と比較することが基本になります。

もう一つは、業種によって水準が違うことです。一般にIT業界のようにリスク、つまりブレが大きく不安定な業界では高めに、鉄道業界のようにブレが小さく安定している業界では低めになる傾向があるので、同業界の企業同士で比較することが重要になります。

エグゼクティブへの道⑰

味の素は、前述のように、目標を若干下回ってはいるものの営業利益率6・1％と一定の収益性を確保している。

次に効率性は、運転資本は売上債権回転期間62日、棚卸資産回転期間74日とそれなりの期間となっているものの、のれんなどが少ないため総資産回転率は107％と製造業としてはやや高めの効率性を確保している。

さらに安全性は、自己資本比率58・2%、流動比率229%と非常に高い水準にある。

③ROA

ROA（Return On Asset：総資産利益率）は、事業の質を評価する指標です。事業からの利益を、事業のために持っている総資産で割って計算します。

これが高い場合は少ない資産で効率よく利益を上げているという意味で、効率のよい、また質の高い事業を行っていることになります。

利益は経常利益を使うことが多くなっていますが、事業の質だけに絞り込んで評価したい場合には、借入金や社債の大きさによって変化する金利の影響を除くために、経常利益に支払利息を加えた金利差引前経常利益を使うこともあります。どちらの利益を使っても5〜10%程度のことが多くなっています。

ROAもROEと同じく業種によって水準は違います。

それでも、似たようなビジネスモデルの同業他社よりも数値が優れている場合は、競争優位性の高さや、売掛金や在庫などの運転資本の圧縮、設備の高い稼働率、またコストダウンをはじめとする優れたオペレーションなどの面で、少ない資産で大きな利益を上げられるという、事業の質の高さが表れているといえます。

ROAは売上高利益率（利益／売上）と総資産回転率（売上高／資産）の掛け算に分解できます。分解した結果は業種によって異なりますが、2つの数値のレベルとその関係が事業の特徴を表していることが多くなっています。

例えば業界全体として成長しているドラッグストア業界の代表的企業であり、調剤薬局を併設したスギ薬局を中心に展開するスギホールディングスでは、やや薄利多売傾向の事業展開を背景に、少し低めの利益率（金利差引前経常利益率：2013年2月期6・6％）と高い総資産回転率（2013年2月期215％）という掛け算になっています。

スギホールディングスは、ROE10％の目標を掲げており、2013年2月期は12・8％と目標をクリアしていますが、上記の分解した結果を見ると、そのベースは大量販売による高い総資産回転率にあると言えそうです。

けれども、調剤薬局を併設するなど付加価値の高いビジネスに比重を置くことによって、利益率も業界としては高めとなっており、これがROA、ひいてはROEをさらに押し上げる、という構図になっています。

他方、高級フレンチ&イタリアンレストランを展開するひらまつでは、付加価値の高い食事やサービスを、高級ワインなどの在庫や立派な内装の店舗といった有形固定資産、良い立地による保証金など金額の大きな資産を保有しながら提供しています。

その結果、非常に高い利益率（金利差引前経常利益率：２０１３年９月期25・４％）とそこそこの総資産回転率（２０１３年９月期１１１％）の掛け算となっています。

ひらまつはブランドを重視し、経常利益ベースでＲＯＡ20％前後を目標にしていますが、実績は約28％と目標を十分に上回る水準を確保しています。ただ上記の分解した結果を見ると、やはり付加価値を背景とした利益率の高さがＲＯＡの高さのキーになっています。

さらに、２つの数値を同業界の企業と比較することによって、利益率と総資産回転率のどちらに課題があるのか、また逆にどこが優れているのかのヒントも得られます。

《ケーススタディ》スギホールディングスとコスモス薬品のＲＯＡの比較

例えば、先ほど見たスギホールディングスのＲＯＡを、九州を中心に事業を展開する同業のコスモス薬品と比較してみましょう。

まず、スギホールディングス（２０１３年２月期）のＲＯＡは14・２％、コスモス薬品

（2013年5月期）のROAは15・7％と、いずれも非常に高いROAを確保しています。

これを分解してみましょう。

	ROA	＝	金利差引前経常利益率	×	総資産回転率
スギホールディングス	14・2％	＝	6・6％	×	215％
コスモス薬局	15・7％	＝	5・1％	×	306％

これを見ると、利益率に優れるスギホールディングス、効率に優れるコスモス薬品という傾向が見えてきます。

これにはどのような背景があるのでしょうか。スギホールディングスは、付加価値の高い調剤薬局を併設する「スギ薬局」の売上高構成比率が約80％と高く、ドラッグストアの中でも高い利益率を確保しています。

ところが、調剤薬局として薬の在庫をある程度多めに抱えることから、棚卸資産回転期間が58日となるなど、資産は大きめとなっています。

反対にコスモス薬品は、調剤薬局は基本的に併設せずに、人口1万人という小さな商圏に

１店舗という方針で、ほとんどのモノが買える便利で顧客が頻繁に通うような店舗を構え、医薬品や化粧品に加えて日用雑貨や生鮮食料品を除く食品を扱っています。

売上高に占める食品と日用雑貨の比率は約70％と高く、その結果として付加価値の高い医薬品や化粧品の比重が低いため、利益率は低めとなっているのです。それでも、棚卸資産回転期間を38日と抑えるなど、資産を圧縮した効率のいい事業運営を行っています。

さらにコスモス薬品は、利益率の面でも特売やポイントカードを廃止し、ウォルマートと同じくＥＤＬＰ（エブリデイロープライス：毎日いつでも低価格で提供する）という方針を採用したり、クレジットカードや電子マネーを使わずに手数料を抑えることによって、利益率を高める工夫をしています。

このように、２社のＲＯＡを分解した結果には、同じドラッグストア業界の企業であっても、調剤薬局併設をベースに利益率を重視するスギホールディングスと、調剤薬局を併設せずに食品や日用雑貨も扱いながら資産効率を重視するコスモス薬品という戦略の違いが明確に表れています。

また、ＲＯＡの分解式をＲＯＥのデュポンシステムと比較してみると、最初の売上高利益率と当期純利益率は同じ利益率として密接な関係があり、２つめの総資産回転率は全く同じものです。

つまり、デュポンシステムの最初の２つはほぼＲＯＡと重なっており、結果としてＲＯＡとＲＯＥは連動することが多く、またＲＯＥを高めようという企業がＲＯＡを高める施策を採用しても方向性に問題はないことになります。

なお、ＲＯＡの分解式をもとに事業の質を高める施策を考えると、利益率と総資産回転率をそれぞれ高めることに分解できます。

具体的には、収益性、つまり損益計算書をもとに儲けの構造をしっかりと作ることと、効率性、つまり売掛金や棚卸資産、有形固定資産といった資産を圧縮したり、それらを有効活用しながら、より多くの売上高につなげていくことが重要になるのです。

エグゼクティブへの道⑱

矢吹は、味の素の２０１３年３月期のＲＯＡを金利差引前経常利益ベースで計算してみた。結果は７・２％であり、それを分解した利益率は６・７％、総資産回転率は１０７％と比較的良い水準にあることが分かった。

ただ、味の素が掲げる営業利益率の上昇とグローバル食品トップ10を目指す上での年10％程度の利益成長という目標から考えると、利益率の上昇と規模の拡大が課題といえそうだ。

ワンポイント：ＣＣＣ（キャッシュ・コンバージョン・サイクル）

ＣＣＣは、Cash Conversion Cycle（キャッシュ・コンバージョン・サイクル）の頭文字です。

これは企業の日々の活動において、運転資本として売上高の何日分の資金が必要になっているのかを表すものであり、具体的には以下のように計算します。

ＣＣＣ　＝　売上債権回転期間　＋　棚卸資産回転期間　－　仕入債務回転期間

この期間が長い場合は、売掛金などの売上債権の回収に時間がかかる、棚卸資産の保有期間が長い、あるいは買掛金などの仕入債務の支払いが早いといった原因があります。そのため、日々の企業活動の中でかなりの資金が運転資本として拘束されてしまい、資金不足に陥

アマゾンの運転資本の推移（2010年〜12年12月期）

	2010年	2011年	2012年
売上債権回転期間	17日	20日	20日
棚卸資産回転期間	44日	49日	48日
仕入債務回転期間	111日	109日	106日

りやすく、資金面での効率が悪いことを意味しています。

逆に短い場合は、売掛金の回収が早い、在庫の保有期間が短い、一方で買掛金の支払いは早くないといったように、企業の事業活動の中であまり資金が拘束されず、資金面での効率が良いことを意味しています。

中には、CCCがマイナスとなっている企業もあります。

例えば、日本でも売上高を伸ばしているアマゾンドットコムでは、ここ数年、売上債権回転期間はカードで支払う顧客が多いため約20日、棚卸資産回転期間は、物流センターに書籍などの数多くの在庫を保有しているため約45日となっているのに対して、仕入債務回転期間は約110日と、CCCがマイナス約45日になっています。

その結果、アマゾンは売上高が対前年比で30％近く増加する状況が継続していますが、売上高が増加してもキャッシュが不足せず、逆に余るという非常に有利な状況にあります。

業界によって、売上債権の回収期間、棚卸資産の保有日数、仕入債務の支払期間の一般的な水準は違いますが、可能な限りＣＣＣを短くできないか検討することも重要です。

このキャッシュ・コンバージョン・サイクルは、キャッシュフロー、特に第２章で取り上げるフリーキャッシュフローをより早く生み出すという意味でファイナンスにも密接に関係する重要なポイントです。

④セグメント情報を分析する

最近は企業グループ全体の状況をまとめて報告する連結財務諸表がベースになっています。そのため、各企業の事業分野別の状況や海外展開の状況は、連結財務諸表を見てもよく分かりません。

そのような事業分野別の業績や海外展開の詳しい状況を知ることができるのが、セグメント情報です。

セグメント情報では、マネジメントアプローチといって各企業の社内の経営管理で利用しているセグメントの区分ごとの業績が公表されています。つまり、セグメント情報を見ることによって、その企業がどのような区分で事業を経営し、管理しているのかを知ることができるのです。

セグメントの区分は企業ごとに違いますが、この資料からセグメントごとの売上高・利益・資産の金額が分かります。この３つの数字の大きさと全社に占める比重から、どの事業分野の規模が大きいのか、どの事業が利益を生み出しているのか、また海外事業の売上高規模や利益の貢献はどうなのか、といったことが分かります。

中でも海外事業の状況は、日本国内が少子高齢化を伴った人口減少期に入り、人口減少よりも速いスピードで量的な需要が減少している中で、多くの企業にとって重要性が高まってきています。成長のためには海外の売上高の比率とその伸びがキーになるので、必ずチェックしておきましょう。

海外売上高の比率は、一般に80％前後となっているホンダ、ソニー、キヤノンなどはグローバル企業、50％前後の東芝、日立などはグローバル展開がかなり進んでいる企業、20％から30％程度のキリンホールディングスなどはグローバル展開の基礎ができた企業と評価されています。

また、売上高は、顧客への販売額である「外部売上高」と社内の別のセグメント向けの販売額である「セグメント間の内部売上高又は振替高」の2つに分かれています。

このうち、各事業分野のセグメント間向けの売上高が大きい場合は、部品を製造する部門が完成品を製造する部門に部品を販売するといったように、部門間でかなりの取引が行われていることを意味しています。

一方で海外セグメントのセグメント間向けの売上高が多い場合は、海外で製造したものを国内に輸入しており、海外は製造拠点となっていることを意味しています。

次に、資産の大きさから、各事業の設備をはじめとする資産規模の大きさが分かります。さらに海外事業の資産の大きさから、運転資本や店舗、工場といった設備などの面での現地化の進み具合が見えてきます。

ただ、資産の中にはのれんも含まれるので、各事業部が買収をしたり、買収によって海外進出を図っている場合には、のれんによって大きくなっている可能性もあるので注意が必要です。

さらに売上高、セグメント利益、セグメント資産という3つの数字から、事業の質を表すＲＯＡ（利益÷資産）と、それを分解した、売上高利益率（利益÷売上高）と総資産回転率

図表1-21　ユニ・チャームのセグメント情報（2013年3月期）

（単位：百万円）

	パーソナルケア	ペットケア	その他	セグメント間の取引消去または全社	合計
売上高					
外部売上高	417,187	73,182	5,401		495,771
セグメント間の内部売上高又は振替高			23	(23)	
計	417,187	73,182	5,425	(23)	495,771
セグメント利益	55,478	3,618	360	31	59,488
セグメント資産	417,923	83,708	23,818	9,605	535,055
その他の項目					
減価償却費	14,453	2,182	178		16,814
のれん償却費	1,369	2,870			4,239
有形固定資産及び無形固定資産の増加額	50,920	1,325	94		52,340

関連情報

地域ごとの情報

売上高

日本	中国	その他	合計
236,993	72,286	186,490	495,771

有形固定資産

日本	中国	その他	合計
44,494	43,328	75,306	163,129

（売上高÷資産）を計算することができます。これをもとに、海外事業の質の高さと、そのベースとなる事業の傾向を確認することができます。

利益率が十分に高い場合は、儲ける仕組みができていると考えられますが、低い場合は注意が必要です。ただ製造業の海外事業については、海外で製造あるいは販売だけを行っているため利益率が低いこともあります。

それでは、ユニ・チャームの2013年3月期のセグメント情報を見てみましょう。

まず、ベビーおよび女性向けの製品を扱うパーソナルケア事業が、売上高・利益・資産ともに全社の約80〜90％を占めている一方で、ペット関連の製品を扱うペットケア事業は、いずれも10％から20％程度となっています。特に利益は90％以上がパーソナルケア事業から出ています。やはり、パーソナルケアが事業の中心となっていることが明らかです。

また、「セグメント間の内部売上高又は振替高」の欄には記載はないため、それぞれの事業は独立していて、事業間での取引がないことが分かります。

次に、その他の項目を見てみましょう。まず減価償却費は売上高規模にほぼ連動しています。ただ、のれん償却額はペットケア事業が多く、有形固定資産及び無形固定資産の増加額はパーソナルケア事業がほとんどとなっています。これは、過去の買収はペットケア事業中心に行われてきましたが、今期の投資はパーソナルケア事業が中心であったことを意味しています。

さらに関連情報にある地域ごとの情報を見てみましょう。売上高は、50％超が中国をはじめとする海外が占めており、有形固定資産については70％以上が海外となっています。これは、海外進出を積極的に行っているのと同時に、製造拠点の海外移転が進んでいることを表

図表1-22　味の素のセグメント情報（2013年3月期）

	国内食品	海外食品	バイオ・ファイン	医薬	提携事業	その他	調整額	合計
								（単位：百万円）
売上高	406,739	252,019	210,820	71,540	180,315	122,881	−71,874	1,172,440
セグメント利益	32,641	20,703	14,368	3,194	1,585	−1,261	0	71,230
セグメント資産	191,008	294,304	245,908	64,808	60,593	68,539	166,578	1,091,738
								（単位：%）
売上構成比	34.7	21.5	18.0	6.1	15.4	10.5	−6.1	100.0
利益構成比	45.8	29.1	20.2	4.5	2.2	−1.8	0.0	100.0
利益率	8.0	8.2	6.8	4.5	0.9	−1.0	0.0	6.1
ROA	17.1	7.0	5.8	4.9	2.6	−1.8	0.0	6.5

しています。

このように、セグメント情報をもとに事業分野別、地域別の状況を見ることができます。

エグゼクティブへの道⑲

矢吹は事業ごとの状況を知るためにはセグメント情報が重要だ、という本の中のコメントにしたがい、味の素の2013年3月期のセグメント情報を見はじめた。

詳しく見ていくと、味の素は国内食品事業の売上高やセグメント利益が比較的大きく、利益率とROAも高くなっている。

ただし、それ以外の海外食品事業、一般企業向けの製品を販売するバイオ・ファイン事業、医薬事業も、ある程度の売上高やセグメント資産をもとに、一定の利益率やＲＯＡを確保している。

このようにセグメント情報から、味の素がいくつもの事業の柱をもち、それぞれが利益を生み出す安定感の強い事業展開をしていることが分かってきた。中でも海外食品事業は約２５００億円の売上高規模を確保し、国内食品事業よりも高い利益率を確保しており、日本企業の多くが成長のために重視している海外展開も順調なことが見えてきた。

⑤セグメント情報の追加情報を見る

セグメント情報の中には、セグメントごとの売上高、セグメント利益、セグメント資産の金額に加えて、通常①減価償却費、②のれん償却費、③持分法適用会社への投資額、④有形固定資産及び無形固定資産の増加額が公表されています。

これらの金額からも各セグメントの状況や動きをつかむことができます。

まず、「減価償却費」の金額から各セグメントの設備の大きさが推測できます。また「のれん償却費」の金額から、日本ではのれんが20年以内で償却されることをもとに、各セグメントで行った買収の大きさを推測することができます。

さらに、子会社ではない持株比率50%以下のグループ会社である持分法適用会社への投資を意味する「持分法適用会社への投資額」の金額から、その年に行った関係の薄いグループ会社に対する投資額が分かり、買収的な動きの一端が見えてきます。

また、「有形固定資産及び無形固定資産の増加額」の金額からその年度に行った設備投資や買収の金額が分かり、投資の様子が分かります。

なお、セグメント情報の中で海外が区分されていない場合は、追加情報の中にある「関連情報」の一部として、日本国内と海外の「売上高」と「有形固定資産」の金額が公表されています。

つまり、海外の売上高は、セグメント情報で公表していなくても、ここで必ず確認できますので、海外売上高を確認することが重要です。

なお、有形固定資産の金額の大きさから、海外には拠点を持たず輸出を中心に事業展開しているのか、海外に販売拠点や製造拠点をしっかりと持って事業展開しているのかといったこともある程度見えてきます。

図表1-23　目的による企業分析のポイント

1　成長力を分析する

＊売上高の成長
＊営業活動からのキャッシュフロー の成長
＊営業利益の成長

2　事業の質(投資効率)を分析する

＊ROAの高さ
＊営業利益率の高さ
＊売上債権回転期間の短さ
＊棚卸資産回転期間の短さ

3　安全性を分析する

＊貸借対照表の構成
（純資産の比率、デットエクイティレシオ、資産の構成）

エグゼクティブへの道⑳

矢吹は本の解説にしたがって、味の素のセグメント情報の中で①から④の数字をセグメントごとに見ていった。

そうすると、売上高規模とある程度連動しているものの、海外食品事業の有形固定資産及び無形固定資産の増加額がやや大きめになっていることが分かってきた。これは、海外食品事業で投資を比較的活発に行っている結果と考えられる。

また、追加情報を見てみると、顧客の所在地別の売上高が掲載されており、33・5％の売上高が海外の顧客向けになっており、中でも17・9％と半数近くを占めるアジアを中心に、欧米も含め、グローバル展開が進んできていることが分かってきた。

　さらに、各地域の有形固定資産は、日本よりも売上高に比較してより大きくなっており、設備の面ではかなりグローバル化が進んでいるということもいえそうだ。

　矢吹は、味の素が日本を代表する食品メーカーとして、将来の成長のベースとなる海外展開に着実に手を打ってきていることに改めて感心した。

この節のまとめ

＊ＲＯＥは株主から見た投資効率を表す指標であり、当期純利益率と総資産回転率、さらに財務レバレッジの掛け算に分解して詳しく分析することができる。

＊ＲＯＥをより深く分析する項目として、いろいろな売上高利益率を見る「収益性」、ＢＳとＰＬの関係を見る「効率性」、財務状況に着目する「安全性」がある。

＊ＲＯＥとは直接関係はないが、売上成長率などの成長性も重要である。

＊ＲＯＡは、事業の投資効率、つまり事業の質を表す指標であり、収益性を表す利益率と効率を表す総資産回転率の掛け算に分解することができる。ここから、薄利多売や利益率の高い製品の丁寧な販売といった事業の傾向・課題を分析することができる。

＊最近、キャッシュを生み出すために、運転資本、つまり売上債権回転期間＋在庫回転期間−仕入債務回転期間をもとに計算する、キャッシュ・コンバージョン・サイクル（ＣＣＣ）の短縮が注目されている。

＊事業の状況をより詳しく知るためには、地域別、事業分野別の業績が集計されているセグメント情報を分析することが重要である。

5 「危ない会社」と「いい会社」

この節のポイント

ここでは、財務諸表や財務比率に表れる危ない会社の兆候や、事業の質、成長性、財務的な安全性の3つのバランスが求められるいい会社の条件、さらに財務諸表の他に最近注目されているESGや統合報告などについて取り上げます。

エグゼクティブへの道㉑

矢吹は、味の素の財務諸表を題材にしながら、BS、PL、CFの見方、また財務比率の使い方やセグメント情報の見方について学んできた。その中で、企業分析のポイントがある程度つかめた気がしている。

ただ一方で、不良債権や投資先の破たんなどで困らないための「危ない会社の見分け方」と、今後目指すべき「いい会社の条件」が気になり始めている。そこで、これまで得た知識をもとに、この2つについて考え始めた。

① 危ない会社を見分けるには

企業の財務的な危険性は、ある程度財務諸表からつかむことができます。

損益計算書については、まず売上高の減少が続いている場合は、市場が縮小したり、競争力が低下している可能性があります。次に利益については、営業利益の赤字が続いていれば本業で儲けられない状況なので、当然ながらかなり危機的な状況にあるといえます。

また、経常利益の段階で大きく赤字が増大している場合にも、借入金や社債の支払利息などが多く、財務まで含めた通常の活動の中で儲けが出せないこと意味しており、要注意です。

さらに大きな特別損失が続いている場合も、事業などで大きな問題を抱えている可能性があります。

次に貸借対照表については、これまで見てきたように右下の純資産比率が一般的な水準である30～40％をかなり下回り、左上にある流動資産、中でもキャッシュとしてすぐに使える現金預金や有価証券が小さい場合は、一般的に財務的な危険性が高いといえます。

また、流動資産に含まれる売掛金や棚卸資産が大きい場合は注意が必要です。もちろんそ

図表1-24　損益計算書の危険な兆候

売上高	売上高が継続して減少している。
売上原価	
売上総利益	売上高総利益率が低下している。
販売費及び一般管理費	
営業利益	営業利益の赤字が継続している。
営業外収益	
営業外費用	支払利息が大きい。
経常利益	
特別利益	
特別損失	巨額の特別損失が発生し、継続している。
税金等調整前当期純利益	
法人税、住民税及び事業税	
当期純利益	

れらが大きいだけでは必ずしも悪いとはいえませんが、回収期間や保有日数を意味する回転期間が長くなってきている場合は、不良債権・不良在庫が含まれている可能性があります。

負債については、すぐ支払わなければいけない流動負債が多い場合は、資金繰りの面で厳しくなる可能性があります。

さらに、以前確認したデットエクイティレシオ（借入金・社債÷純資産）が100%を大幅に上回っている場合も、資金を集める中で借入金や社債に頼りすぎているという面で危険性が高いといえます。

中でも短期借入金が大きいと、銀行が危険と判断し長期では貸せない、また短い期間で

図表1-25　貸借対照表の危険な兆候

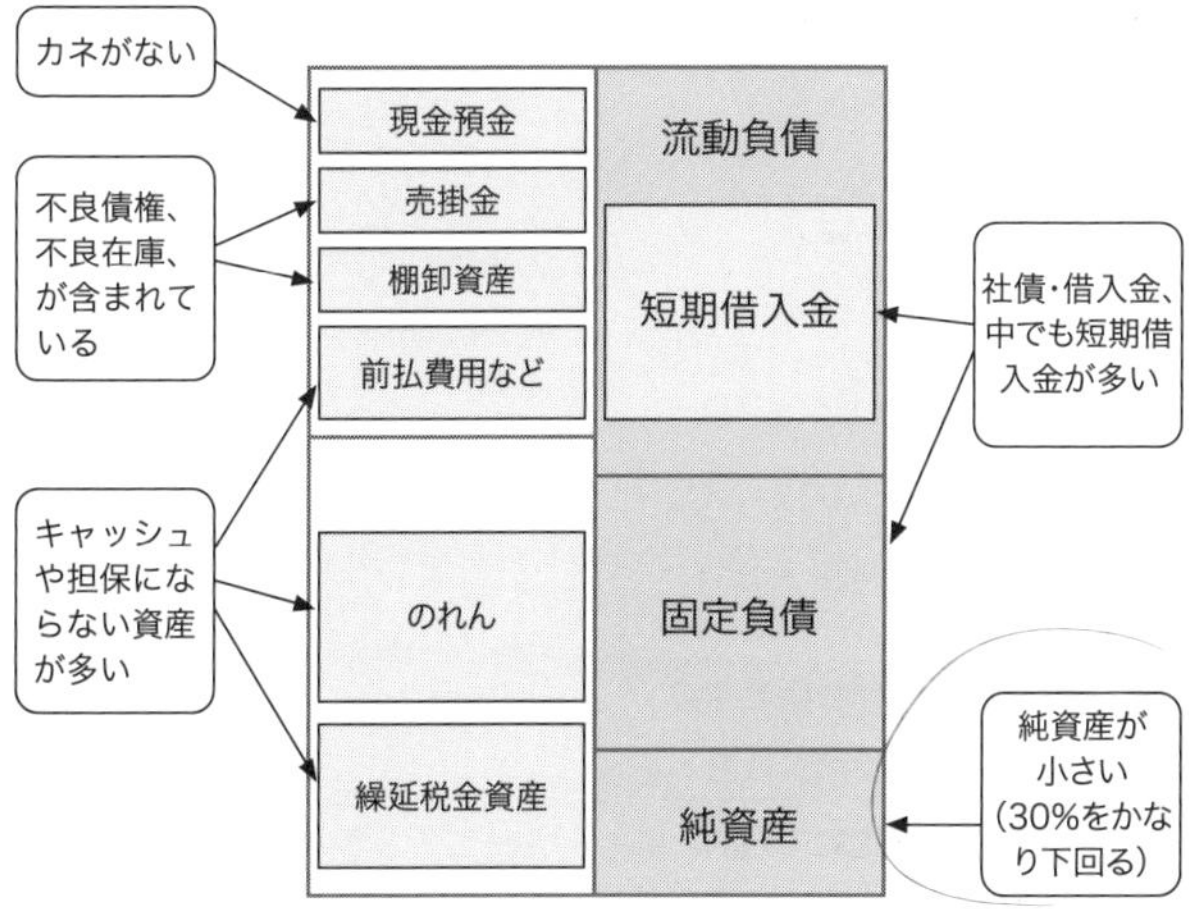

頻繁に状況をチェックして状況が悪ければさっと融資を引き揚げよう、と考えている可能性もあります。以前破綻したある建設会社では、破綻の1年前には借入金のほとんどが短期借入金になっていました。

なお、前述のように貸借対照表の安全性のレベルは、事業によっても変わります。一般に、ゲーム事業をはじめとするブレのある事業を行う企業は、安全性を高くする必要がありますが、鉄道事業など安定した事業を行う企業は安全性が若干低くても問題はありません。

キャッシュフロー計算書については、事業の儲けを意味する営業活動がマイナスの場合は要注意です。

図表1-26　キャッシュフロー計算書の危険な兆候

営業活動からのキャッシュフロー		
税金等調整前当期純利益		大きな赤字
減価償却費	(+)	
売掛金の増加	(−)	大きなマイナス
棚卸資産の増加	(−)	大きなマイナス
⋮		営業活動からのキャッシュフローが大きなマイナス
投資活動からのキャッシュフロー		巨額な投資の継続
財務活動からのキャッシュフロー		
合　計		
現金及び現金同等物の換算差額		
現金及び現金同等物期首残高		
現金及び現金同等物期末残高		

営業活動は、投資に関係するキャッシュフローが一切差し引かれていないので、これがマイナスだと投資をする前の段階で、事業そのものがキャッシュを生み出していないことになります。

その意味では、投資に関係する費用である減価償却費を差し引いて計算する営業利益や当期純利益の赤字よりも質が悪いといえます。また、営業活動のマイナスが一時的であればまだいいのですが、継続している場合はかなり危険と考えるべきでしょう。

なお、成長期にある企業の場合は、売上高が増加すると回収する条件が変わらなければ代金の未回収分である売掛金が増え、また販売するために保有している棚卸資産も増加していきます。

その結果、利益は出ていても売掛金の増加と棚卸資産の増加によって営業活動がマイナスになってしまう場合があります。いわゆる黒字倒産の可能性があるパターンです。

こうした状況には注意が必要ですが、このマイナスが財務活動の中の借入金の増加や増資といった資金調達のプラスで十分にカバーできていれば問題はありません。つまり営業活動のマイナスは、成長期ではない企業の場合に特に大きな問題になるのです。

また、投資活動についいては、巨額の投資を継続して行い、フリーキャッシュフローのマイナスが何年も継続している場合には、それを支える貸借対照表の安全性に問題がないか確認することが必要でしょう。

最後に、キャッシュを意味する現金および現金同等物の金額の大きさを確認することも重要です。

一般に日本の大手優良企業では、売上高の１か月分程度は保有している場合が多く、効率の良い事業運営をしている場合でも売上高の３％程度は保有している場合が多くなっています。この金額があまりに少ない場合も気を付けなければなりません。

財務比率では、まず何度も取り上げてきた純資産比率が一般的な水準である30〜40％程度になっているかどうかが、安全面の基礎体力という意味でポイントになります。次に流動比率（流動資産÷流動負債）が、100％程度は確保されているかどうかも重要です。

また、インタレストカバレッジ（〈営業利益＋金融収益〉÷支払利息）は、本業と財務で儲けた営業利益と金融収益（受取利息と配当金）が支払利息の何倍あるのか、つまり儲けでどの程度の余裕をもって金利を支払えているのかを確認するものです。

一般に、最低でも3倍以上は確保すべきといわれていますが、このレベルを大きく下回っている場合は、儲けに対して金利の負担がかなり大きくなっていることを意味します。

《ケーススタディ》ＪＡＬの破たん前と再上場後のＰＬ、ＢＳ、ＣＦの比較

ここで、ＪＡＬの破たん前（２００９年3月期）と再上場直前（２０１２年3月期）の状況を比較してみましょう。国からの支援を受けた3年間の再建策によって、財務諸表はどのように変化したのでしょうか？

まず財務比率推移表の一番下を見てみると、営業収益（売上高）は破たん前の約1兆９５００億円から再上場前は1兆２０００億円へと約60％の縮小です。しかし損益計算書を見ると、営業利益率は、破たん前のマイナス２・６％の赤字の状態から、再上場前は17％へと劇的に回復しています。

この主な要因は、①不採算路線の撤退や機種変更などによる燃料費の圧縮などによって事業費率が86・5％から70・4％へと大きく低下したこと、②販売手数料率の変更などによって販売手数料率が4・8％から1・8％へと低下したこと、③人件費率が人員削減や給与削減によって4・7％から4・3％へと下がったこと、④営業外費用比率が借入金の圧縮によって3・2％から1・5％へと大きく低下したこと、という4つが挙げられます。

次に貸借対照表を見てみると、破たん前は純資産比率が11・2％とかなり低く、金融資産も資産全体の9・9％とかなり小規模で、流動負債の比率は37・1％に達していました。

こうした状況が再上場直前には大きく変化しています。まず純資産比率は国の資本投入と業績回復もあり38・1％へと劇的に増加し、金融資産も資産全体の25・1％とかなり大きくなり、流動負債の比率も27・4％へと低下しています。

このように貸借対照表から見た安全性は目覚ましく回復しています。また、有形固定資産の比率も、破たん前は58・9％だったものが再上場直前には44％へと、不採算路線からの撤退や古い機種の処分によってかなり低下しました。

とはいえ一般の企業で多い30％程度と比較すると、設備投資型の事業のため、まだ高めになっています。
キャッシュフロー計算書については、破たん前の営業活動のキャッシュフローは３３７億円とかろうじてプラスを確保していましたが、売上高規模からするとかなり小さく、投資活動の１０５６億円のマイナスを全くカバーできていませんでした。
一方で再上場前は、営業活動のキャッシュフローが２５６６億円となり、破綻前に比べて７倍超の大幅回復を成し遂げ、投資活動の１４７２億円のマイナスを優にカバーしました。

損益計算書

	2009/3	2012/3
営業収益	100.0%	100.0%
事業費	86.5%	70.4%
営業総利益	13.5%	29.6%
販売費・一般管理費	16.1%	12.5%
内販売手数料	(4.8%)	(1.8%)
内人件費	(4.7%)	(4.3%)
内社外役務費	(0.0%)	(1.3%)
営業利益	−2.6%	17.0%
営業外収益	1.6%	0.9%
営業外費用	3.2%	1.5%
経常利益	−4.2%	16.4%
特別利益	2.3%	0.8%
特別損失	1.1%	0.7%
税引前利益	−3.0%	16.6%
法人税等	0.2%	1.1%
当期純利益	−3.2%	15.5%

法人税等には、少数株主持分損益も便宜上含めている。

貸借対照表

	2009/3	2012/3
流動資産	27.8%	43.1%
内金融資産	(9.9%)	(25.1%)
有形固定資産	58.9%	44.0%
無形固定資産	4.5%	3.9%
投資その他の資産	8.7%	9.0%
資産合計	99.9%	100.0%
流動負債	37.1%	27.4%
固定負債	51.6%	34.5%
純資産	11.2%	38.1%
負債・純資産合計	100.0%	100.0%

図表1-27　JALの財務数値の変化

財務比率推移表

	2009/3	2012/3
総合力		
ROE	-36.2%	48.0%
売上高当期純利益率	-3.2%	15.5%
総資産回転率	111%	111%
財務レバレッジ	1002%	280%
ROA	2.9%	18.8%
売上高営業利益率	-2.6%	17.0%
総資産回転率	111%	111%
収益性		
売上高総利益率	13.5%	29.6%
売上高営業利益率	-2.6%	17.0%
売上高当期純利益率	-3.2%	15.5%
効率性		
売上債権回転期間(日)	32	35
棚卸資産回転期間(日)	18	10
仕入債務回転期間(日)	41	54
安全性		
流動比率	75%	157%
純資産比率	11.2%	38.1%
成長率		
売上高成長率	-12.5%	-38.3%
総資産増加率	-17.5%	-37.9%
海外売上高比率	46.1%	37.7%
営業収益(百万円)	1,951,158	1,204,813

＊2009/3の成長率は2008/3期比
＊2012/3の成長率は2009/3期比

キャッシュフロー計算書（抜粋）

	2009/3	2012/3
営業活動からのCF	**33,755**	**256,673**
減価償却費	118,043	81,222
投資活動からのCF	**-105,653**	**-147,221**
設備投資関係	-167,856	-98,628
買収関係	143	0
フリーキャッシュフロー	-71,898	109,452
財務活動からのCF	**-116,767**	**-274,460**
借入金の増減	-113,730	-225,001
株式発行による収入	0	0
配当金の支払額	-207	-194

その結果、プラスのフリーキャッシュフローを生み出しています。

このようにキャッシュフロー計算書にも大きな変化が表れています。

財務比率についても、純資産比率が前述のように11・2％から38・1％へと大幅に増加し、資金繰りの状況を表す流動比率も75％から157％へと大きく回復しています。

このように、危ない会社だったJALは小規模でも質の高い優良会社へと脱皮しました。今後は、現在のいい状況を維持しつつ規模の面で成長していくことが課題といえそうです。

② いい会社の条件とは何か

財務の視点から見た優良企業の条件は、①事業の質が高く投資効率が高い、②成長している、③一定の安全性がある、の3つだと考えられます。

まず①は、第1章の4で見たROE、とりわけその中核であるROAと関係します。

ROEを競合他社と比べて遜色ないレベルにするためには、事業の投資効率を表すROA、さらにそれを分解した売上高利益率と総資産回転率を、業界やビジネスモデルから見て適切なレベルに高めることが重要です。

具体的には、適切な価格設定をもとに市場や競合の状況から考えて十分な販売量を確保すること。管理などの守りのコストは効率を考え、広告宣伝費・研究開発費などの攻めのコストは効果を考えて、コストを適切な水準に維持しながら十分な営業利益率を確保すること。

また、同じ売上高をより少ない資産で、あるいは同じ資産でより大きな売上高を確保することを考え、資産回転率を高めることが必要です。

次の②は、売上高の成長がポイントです。多くの日本企業にとっては、国内市場が成熟する中で、グローバル展開が重要になっています。具体的には、海外での売上高を増やし、必要に応じて現地化を図って海外で十分な利益を確保することが必要です。

最後の③は、一定の財務的な安全性を確保し、前述した危ない会社の条件に該当しないようにすることです。具体的には、30〜40％程度の純資産比率をはじめとして安全な貸借対照表を作り上げ、キャッシュフロー計算書において営業活動のプラスを確保することなどが重要になります。

これらの条件は、財務比率つまりＲＯＥの分解式と、成長性に重ね合わせて考えることもできます。

つまり、①は収益性（利益率）と効率性（資産回転率）、②は成長性、③は安全性（財務

図表1-28　いい会社の条件

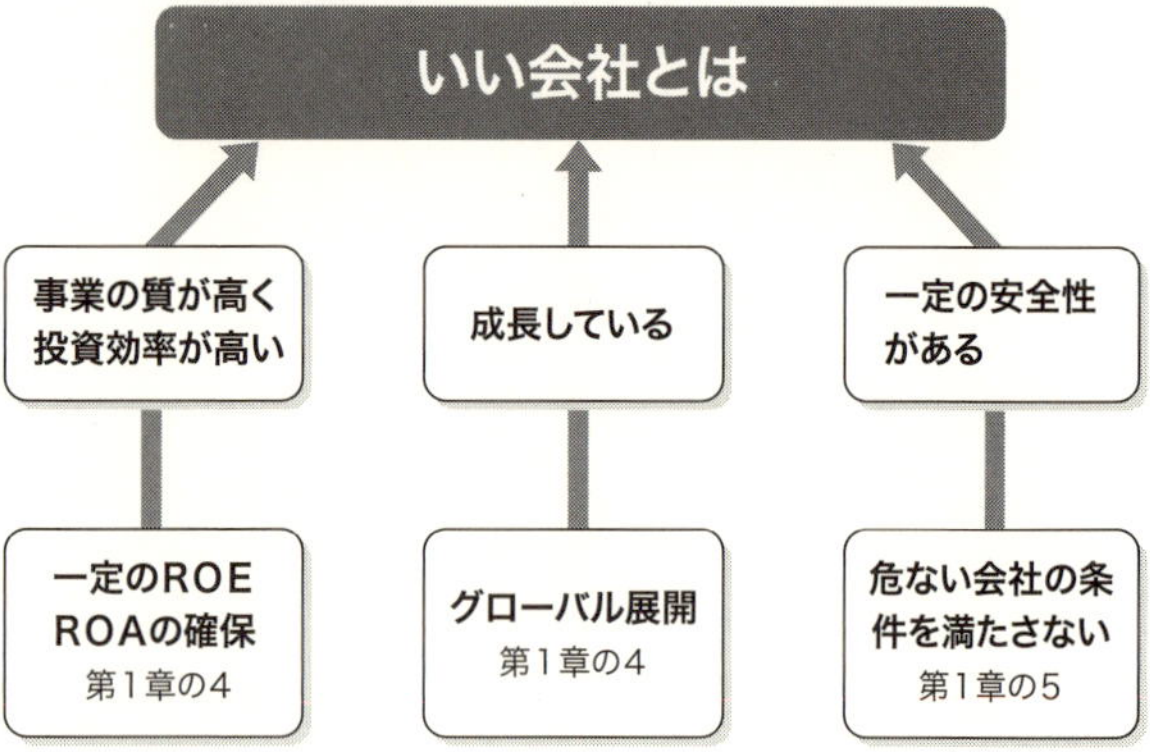

レバレッジ）に該当するのです。

さらに全体として考えると、①事業の質と投資効率、②成長、③安全性の３つがバランスよく一定の水準に保たれていることが優良企業の条件と考えられるのです。

加えて、これを財務諸表の組み合わせに置き直すと、一定の安全性がある適度なサイズの貸借対照表（①事業の質と投資効率と③安全性に関係する）をもとに、大きな損益計算書と大きなキャッシュフロー計算書（①事業の質と投資効率と②成長性に関係する）という組み合わせが望ましいことになります。

《ケーススタディ》いい会社の例：ユニ・チャーム

ユニ・チャームは、ベビー用紙おむつ、女性用生理用品、高齢者用紙おむつ、ペット用品といった収益力のある事業をもとに、2013年3月期は広告宣伝費と販売促進費用の合計が売上高の17・3%と、消費財メーカーとして比較的多額のマーケティングコストをかけながらも、12・0%の営業利益率を確保しています。

さらに、キャッシュが多く買収によるのれんの発生もあったため総資産回転率は93%にとどまるものの、11・1%の営業利益ベースでのROA、14・9%のROEと高い投資効率を確保しています。

また、海外売上高比率も中国をはじめとするアジアを中心に52・2%と比較的高く、金融危機で売上高の成長が一時的に鈍化したもののその後は回復し、2013年3月期は前年比15・7%増となっています。

以上のほかにもキャッシュが資産の16%を占め、純資産比率が約62%となるなど、財務的な安全性は抜群です。このように、ユニ・チャームはいい会社の条件を満たす1社と考えられます。

損益計算書推移表

	2008/3	2009/3	2010/3	2011/3	2012/3	2013/3
売上高	100.0%	100.0%	100.0%	100.0%	100.0%	100.0%
売上原価	58.2%	59.3%	54.1%	54.0%	54.6%	54.2%
売上純利益	41.8%	40.7%	45.9%	46.0%	45.4%	45.8%
販売費及び一般管理費	31.8%	30.7%	33.3%	33.7%	33.3%	33.8%
内広告宣伝費	(3.1%)	(2.8%)	(3.7%)	(3.3%)	(3.2%)	(3.2%)
内販売促進費	(11.1%)	(10.4%)	(12.0%)	(13.2%)	(13.4%)	(14.1%)
内研究開発費	(1.3%)	(1.3%)	(1.3%)	(1.3%)	(1.1%)	(1.0%)
営業利益	10.0%	10.0%	12.6%	12.4%	12.1%	12.0%
営業外収益	0.6%	0.5%	1.0%	0.5%	0.4%	2.0%
営業外費用	1.0%	1.5%	0.8%	1.4%	1.2%	0.8%
経常利益	9.6%	9.1%	12.9%	11.4%	11.3%	13.1%
特別利益	0.1%	0.0%	0.0%	0.8%	0.0%	0.0%
特別損失	0.2%	1.2%	0.6%	0.8%	0.7%	0.2%
税引前利益	9.5%	7.9%	12.3%	11.5%	10.6%	13.0%
法人税等	4.5%	3.0%	5.5%	2.6%	4.3%	4.3%
当期純利益	5.0%	4.9%	6.9%	8.9%	6.3%	8.7%

法人税等には、少数株主持分損益も便宜上含めている。

貸借対照推移表

	2008/3	2009/3	2010/3	2011/3	2012/3	2013/3
流動資産	57.3%	55.4%	56.0%	46.1%	40.3%	39.4%
内金融資産	(34.0%)	(28.8%)	(32.9%)	(26.9%)	(18.4%)	(16.0%)
有形固定資産	31.4%	30.3%	31.0%	22.2%	24.7%	30.5%
無形固定資産	1.4%	5.8%	4.7%	15.2%	20.7%	18.2%
投資その他の資産	10.0%	8.5%	8.3%	16.5%	14.2%	11.9%
資産合計	100.0%	100.0%	100.0%	100.0%	100.0%	100.0%
流動負債	29.9%	28.9%	30.0%	20.3%	22.5%	22.7%
固定負債	5.0%	4.4%	2.6%	30.2%	26.0%	15.8%
純資産	65.0%	66.7%	67.4%	49.5%	51.5%	61.5%
負債純資産合計	100.0%	100.0%	100.0%	100.0%	100.0%	100.0%

図表1-29　いい会社の条件：ユニ・チャームの財務の状況

財務比率推移表

	2008/3	2009/3	2010/3	2011/3	2012/3	2013/3
総合力						
ROE	10.3%	10.2%	10.3%	16.6%	12.7%	14.9%
売上高当期純利益率	5.0%	4.9%	6.9%	8.9%	6.3%	8.7%
総資産回転率	122%	125%	116%	85%	91%	93%
財務レバレッジ	170%	166%	167%	220%	222%	185%
ROA	12.2%	12.5%	14.6%	10.5%	11.0%	11.1%
売上高営業利益率	10.0%	10.0%	12.6%	12.4%	12.1%	12.0%
総資産回転率	122%	125%	116%	85%	91%	93%
収益性						
売上高総利益率	41.8%	40.7%	45.9%	46.0%	45.4%	45.8%
売上高営業利益率	10.0%	10.0%	12.6%	12.4%	12.1%	12.0%
売上高当期純利益率	5.0%	4.9%	6.9%	8.9%	6.3%	8.7%
効率性						
売上債権回転期間（日）	41	43	43	45	43	44
棚卸資産回転期間（日）	36	40	38	40	53	61
仕入債務回転期間（日）	72	67	68	68	71	72
安全性						
流動比率	191%	192%	187%	227%	179%	173%
純資産比率	65.0%	66.7%	67.4%	49.5%	51.5%	61.5%
成長率						
売上高成長率（前年比）	11.6%	3.3%	2.6%	5.6%	13.6%	15.7%
総資産増加率（前年比）	2.5%	1.0%	10.6%	44.3%	6.4%	13.2%
海外売上高比率	36.9%	37.1%	38.5%	42.4%	46.5%	52.2%
連結売上高（百万円）	336,864	347,845	356,825	376,947	428,391	495,771

キャッシュフロー計算書推移表（抜粋）　（単位：百万円）

	2008/3	2009/3	2010/3	2011/3	2012/3	2013/3
営業活動からのCF	45,308	21,978	55,032	−17,239	59,570	68,758
投資活動からのCF	−10,091	−44,316	−22,239	−69,527	−58,861	−53,304
設備投資関係	−17,049	−14,367	−24,168	−27,439	−26,137	−47,875
買収関係	0	−17,331	0	−63,691	−28,344	0
フリーキャッシュフロー	35,217	−22,338	32,793	−86,766	709	15,454
財務活動からのCF	−12,585	−3,197	−9,455	116,972	−36,513	−28,653
自己株式の取得	−5,009	−5,014	−6,500	−7,594	−9,001	−11,001
配当金の支払額	−3,980	−4,132	−4,977	−6,025	−6,732	−7,156

③ 財務データを超えて

ここまで、財務データを中心にした企業分析を考えてきました。ただ、財務データは必ずしも十分に企業の状況を表しているとは限りません。財務データでとらえ切れない情報は、大きく2つあります。

1つ目は、人の能力や組織のノウハウといった無形の価値についての情報です。財務データから分かるのはやはりモノとカネの情報が中心で、こうした無形の価値は、特に貸借対照表の資産に表れにくくなっています。

実際に貸借対照表の資産の項目を見てみると、実際に集計されているのは、現金預金や有価証券といったキャッシュ、売掛金や貸付金などのキャッシュを受け取れる権利、さらに棚卸資産や有形固定資産といったモノが中心です。

人や組織の能力といった無形の価値は、買収を行った場合だけ、買収された企業の無形の価値がのれんや商標権といった項目で集計されるだけなのです。またその金額も、買収直後は価値を表していても、その後の価値の上昇は反映していません。

つまり、無形の価値は貸借対照表にはほとんど表れていないのです。

これらの人や組織、あるいは外部との関係性などの無形の価値のことを一般に知的資本と呼んでいますが、この知的資本が企業の価値の約80％を占めている、という調査報告もあります。

この知的資本のレベルの高さを数値で評価し、それを高めていくためにＫＰＩ（Key Performance Indicator：重要業績評価指標）を活用する企業が増えています。

具体的には、財務的な業績のベースとなる顧客満足度指数といった非財務の数値が一例です。また東芝のように、社会的責任に関係するものを中心にＫＰＩを設定し、その目標値と結果を公表している企業もあります。これからはそのような情報にも注目することが重要です。

２つ目は、環境問題や企業の社会的責任といった環境への負荷や社会貢献の様子についての情報です。これらは財務データだけではつかめません。地球環境への配慮と社会貢献は、多くの企業にとって重要なテーマとなりつつあります。

この２つへの対応、例えばCO_2削減に向けた様々な施策や成果、また社会貢献の内容やその支出金額といった情報を環境報告書、社会的責任報告書としてまとめ、公表する企業も増えてきています。これらは、短期的には業績に大きな影響を与えないかもしれませんが、

図表1-30　財務データを超えて

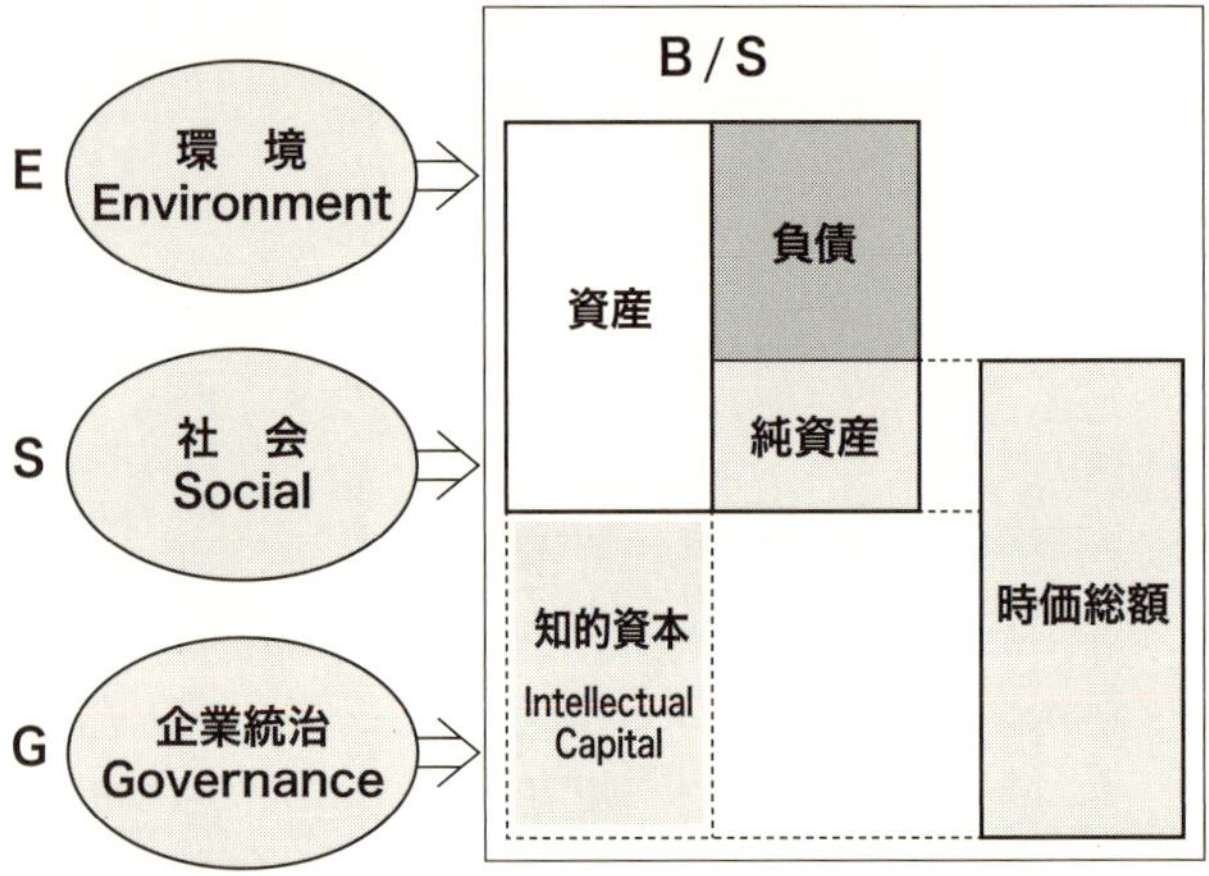

社会的な関心が高まる中で、中長期的には大きな意味を持つ可能性もあります。

最近は、この2つに企業のガバナンスも加えたESG、つまりEnvironment（環境）、Social（社会）、Governance（企業統治：ガバナンス）についての報告が注目されています。

さらに、それらと財務報告の関係性を明確にし、企業価値の向上を核にして一つにまとめて報告する統合報告も関心を集めています。

このように広い視野から考えると、財務とともにESGにも関心を持つこと、さらに企業の立場からはそれらを関連付け、まとめた上で報告していくことが重要になってきているのです。

ユニ・チャームは、環境問題への対応と社

会貢献活動、また多くのステークホルダー（利害関係者）との関係やガバナンスの状況をまとめたＣＳＲ（企業の社会的責任）報告書を作成し、公表しています。さらに、その中でテーマごとにＫＰＩを設定し、その結果も報告しています。

このように、ユニ・チャームは情報公開の先進企業でもあり、これらの情報にもユニ・チャームのいい企業としての一端が表れています。

エグゼクティブへの道㉒

矢吹は、危ない会社の兆候は、流動資産と純資産が小さいＢＳ、減収で赤字のＰＬ、営業活動からのキャッシュフローがマイナスのＣＦ、純資産比率・流動比率・インタレストカバレッジの３つの財務比率の低さに表れることが分かってきた。

一方で、いい会社の条件は、上記の危ない会社の兆候がない、事業の質を表すＲＯＡが高い、売上高が成長している、という3つだということも理解した。

この2つのパターンをしっかり頭に入れて、今後はこれを基準に様々な企業の財務データを見ていこうと思った。

この節のまとめ

＊危ない会社の兆候（一般事業会社のケース）

・貸借対照表が、左上と右下が小さい、つまり流動資産が小さく、純資産が小さい構成となっている。

・損益計算書において、売上高が減少していたり、営業利益の赤字が続いている。

・キャッシュフロー計算書において、営業活動からのキャッシュフローがマイナスであったり、キャッシュ自体が少なくなっている。

・財務比率について、純資産比率が30％をかなり下回っている、流動比率が１００％を大幅に下回っている、インタレストカバレッジが2倍を下回っている、といった傾向がある。

＊いい会社のポイント

・危ない会社の兆候がない。

・事業の質を表すＲＯＡが、同じ業界の企業と比較して高くなっている。

・売上高が成長している。

・適度なサイズのＢＳ、大きなＰＬ、大きなＣＦという組み合わせになっている。

＊財務諸表に表れにくい知的資本の状況を把握し表示するために、顧客満足度といった財務数値以外の業績指標であるＫＰＩを活用する企業や、Ｅ（環境）Ｓ（社会）Ｇ（ガバナンス）の状況を報告したり、それらを財務報告と結びつけた統合報告書を作成する企業もでてきている。

第2章

事業投資とM&Aのポイント〜適切な投資の意思決定

1　キャッシュフローこそが企業活動の実態

この節のポイント

ここでは、投資プロジェクトを評価する際に、儲けとして利益ではなくキャッシュフローを対象にする理由、また実際に儲けの基準とするフリーキャッシュフローの意味と計算方法について学んでいきます。

エグゼクティブへの道㉓

矢吹は今日初めて、これから役員になる子会社の設備投資プロジェクトを検討する本社の投資委員会に参加した。

「子会社のことを少しでも事前に知っておいた方がいいので、役員就任前ではあるがオブザーバーとして出席してみたらどうか」という副社長からのアドバイスがあったのだ。

委員会では、子会社の担当者から説明の後、出席者からいろいろな質問が出た。半数近くの質問が「キャッシュフロー」の予測に関するものだった。矢吹がキャッシュフローという言葉を聞きながら思い浮かべたのは、これまで学んできたキャッシュフロー計算書である。

質問はこの予測のことなのだろうか？　営業利益も重要だと学んだが、今回はキャッシュフローが議論の中心となっていた。この理由は何だろうか？

委員会が終わったあといろいろな疑問が湧いてきたので、席に戻ってからインターネットで投資プロジェクトの評価の方法について調べ始めた。

①なぜキャッシュフローで評価するのか～利益との違い

以前、私が出席したある講演会で、米国シリコンバレーの有名なベンチャーキャピタリストが、「キャッシュフローが重要だ」と何度も強調していたことが印象に残っています。

実際に、投資プロジェクトや買収金額、企業価値の評価をする時は、利益ではなくキャッシュフローが判断材料となります。これはなぜでしょうか？

その理由は、利益という儲けのモノサシが生まれたわけを考えると分かりやすいと思います。そもそも企業はキャッシュを集めキャッシュを投資する、といったようにキャッシュをベースに活動しています。

したがって、本来はキャッシュの動きであるキャッシュフローが、実際に事業などに使うことができるキャッシュをどの程度生み出したのかという意味できちんとした裏付けがあり、また企業活動の実態を表すという点からも、最も適切な儲けのモノサシになります。

しかし、企業活動というのは長く続いていくものなので、一定期間の途中経過の報告も必要になります。その場合、キャッシュフローには若干問題があります。

例えば、何年かに一回大きな投資をするような企業の場合は、投資を行った年にはキャッシュフローは大きなマイナスとなり、その後は投資に関係する支払いがなくなるのでキャッシュフローはプラスに回復、その後また投資をすると大きなマイナスとなる、ということを繰り返すことになります。

そうすると、そのキャッシュフローの動きだけを見た人は、この企業は何年かに一度大きな問題が発生しキャッシュフローがマイナスになる危険な企業だ、と誤解する可能性が出てきます。実際は、たまたま数年に1回の投資がルーティンになっているだけなのですが。

そこで、このような誤解を避けるために、一定期間の途中経過を適切に表すような儲けのモノサシが必要になります。それが利益です。利益は、設備投資の金額をその設備が使える

図表2-1　キャッシュフローと利益の違い

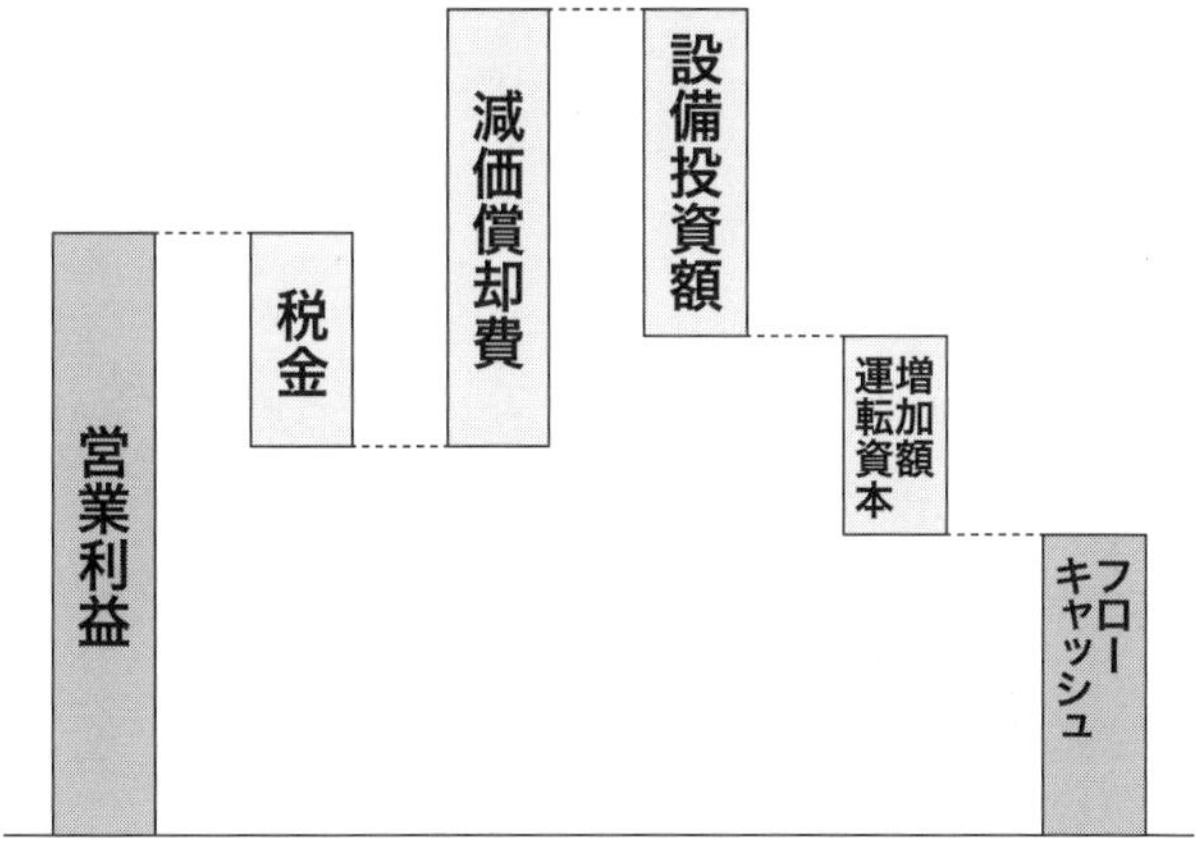

期間にわたって割振っていく減価償却費をはじめ様々な調整をして、一定期間にこのくらいのキャッシュフローにつながる儲けを生み出したはずだ、という数字を集計したものです。

つまり、利益は一定期間の企業の儲けを、できるだけ実態を反映した形で誤解を受けないように調整して集計したものなのです。そのため、１年、半年、四半期といった一定期間の報告における儲けのモノサシとしては、利益のほうがより実態に忠実なものと考えられます。しかし、利益にはキャッシュの裏付けがなく、キャッシュフローとはズレがでてきます。

一方、投資プロジェクトや買収金額の評価

は、企業を投資家から資金を預かる代理人として捉え、投資家の立場から行うことが基本です。投資家は、裏付けのある実際の企業の動き、儲け、採算をもとに評価することを要求します。

したがって、調整を施された裏付けのない利益だとかえって実態が見えなくなる可能性もあるため、裏付けのあるキャッシュフローで評価するのです。

②フリーキャッシュフローとは何か

投資プロジェクトや買収金額の評価で実際に使われるキャッシュフローは、「フリーキャッシュフロー」になります。では、このフリーキャッシュフローとは何でしょうか？

フリーキャッシュフローの意味は、第1章の3で学んだように、文字通り自由に使うことのできるキャッシュフローです。

しかしより詳しくは、企業が事業の結果として生み出した、「企業に対して資金提供をしている債権者（銀行や社債の所有者）や株主に、自由に（フリーに）分配することのできるキャッシュフロー」のことになります。

図表2-2　フリーキャッシュフローとは

もともとは自由に使えるキャッシュフローのこと

企業に資金を提供している人（債権者と株主）に、分配しようと思えば、自由に（フリーに）分配することのできるキャッシュフローのことでもある。
本業で儲けたプラスのキャッシュフローに、投資に使ったマイナスのキャッシュフローを加えたものということもできる。

フリーキャッシュフローがプラスの意味

本業で生み出したキャッシュフローで必要な投資ができるような状態のことである。
自己増殖できるような状態ということもできる。

言い方を変えると、事業からの儲けが結果として資金提供者に分配されていくので、企業が投資まで行った上で純粋に事業から生み出したキャッシュフローのことになります。

このフリーキャッシュフローを投資プロジェクトや買収金額の評価のベースとするのは、前述のように企業を投資家の代理人と考えるため、儲けも投資家、つまり資金提供者が受け取れるベースで考えていくことが理由です。

それでは、フリーキャッシュフローは具体的にどのように計算するのでしょうか。

フリーキャッシュフローとは事業からの儲けなので、企業が毎年の事業から生み出す利益である営業利益からスタートして計算していきます。次に、利益が出ると税金をキャッシュとして支払うことになるので、それを差し引いて税引後営業利益を計算します。

その上で、税引後営業利益はあくまでも利益であるため、それをキャッシュフローに置き直すために3つの修正を行っていきます。これらは、利益とキャッシュフローのタイミングのずれに関係するものです。

まず1つ目は、費用あるいは収益として利益には反映されたものの、実際にはキャッシュの動きがないような項目の修正です。この代表は減価償却費です。

減価償却費は、キャッシュがその年に実際には支払われていない計算上の費用なので、最初の営業利益の計算の中で費用として差し引かれていても実際にはその年にはキャッシュの動きはありません。

したがって、利益をキャッシュフローに置き直すために、その金額を加えていきます。

2つ目は、設備投資などの投資額についての修正です。投資は、投資をする段階ではキャッシュの支払いはあるものの、すぐに費用になるのではなく、設備の利用や時間の経過に応じて減価償却によって徐々に費用になっていきます。

したがって、例えば設備投資をした直後で考えてみると、費用は発生していなくても、投資をした段階でキャッシュは支払っているので、キャッシュフローに置き直すためには、税

図表2-3　フリーキャッシュフローの計算

営業利益		100	本業からの儲けをスタートにする
法人税等（40%）		40	営業利益に課税されたと仮定したみなしの税金を差し引く
税引後営業利益		60	
減価償却費他	（+）	20	費用でもキャッシュは出ていかないため加える
設備投資額等	（−）	30	費用ではないが、キャッシュは出ていくため差し引く
正味運転資本増加額	（−）	15	売上高や費用とキャッシュの動きのずれを修正する
フリーキャッシュフロー		**35**	**事業から最終的に生み出されたキャッシュフロー**

引後営業利益から差し引いていく必要があります。

３つ目は、運転資本の変化により利益とキャッシュの動きにタイミングのずれが発生する部分です。

例えば、売掛金や棚卸資産などが増加した場合には、キャッシュがその分だけ別の資産に変化して拘束されたと考えてその増加額を差し引き、逆に減少した場合には、資産として拘束されていたキャッシュが自由に使えるものに変化したと考えて加えていきます。

一方で買掛金などが増加した場合には、費用として集計された金額に比較してキャッシュをその分だけ支払わずに済ませていると考えて、その増加分を加え、逆に減少した場合

図表2-4　運転資本

事業運営のために必要となる資金のこと

売上高や費用の発生とキャッシュの出入りとのタイミングのずれによって発生する。

		×0年	×1年	運転資本増加額
売上債権	(+)	100	120	+20
棚卸資産	(+)	60	65	+ 5
仕入債務	(−)	70	80	−10
正味運転資本		90	105	+15

上記以外に、未収入金・未払金・未払費用・事業に必要な現金預金などを運転資本と考えることもある。

この金額をフリーキャッシュフローの計算でマイナスする。

には、キャッシュが費用として集計された金額より多く支払われたと考えてその減少分を差し引いていきます。

なお、未収入金や未払金、また事業を行うために必要な現金などについても、運転資本として考える場合もあります。

このようなフリーキャッシュフローの計算ステップから考えると、前述のベンチャーキャピタリストの「キャッシュフローが重要だ」というコメントの意味は、まずは利益を確保し、それに加えて税金のこと、設備投資のこと、運転資本のこと（売掛金の回収や在庫の保有量など）も考えて、より多くのキャッシュフローを生み出すことが重要という意味だと理解できそうです。

エグゼクティブへの道㉔

矢吹は、会議の中でキャッシュフローが注目されていた本質的な理由が、投資家の視点から投資プロジェクトを評価するというところにあることが分かってきた。

また、キャッシュフローをベースに考えると、投資プロジェクトの評価を高めるためには、まず営業利益をできるだけ多く確保する。その上で税金の優遇策も活用して効率よく投資を行い、回収を早くする。そして棚卸資産をできるだけ少なくし、支払いはバランスよく行うことが必要である、ということを改めて確認した。

この節のまとめ

＊利益は、一定期間の儲けを、様々な調整をした上で集計した計算上のものであり、実際にキャッシュとして使えるものではない。一方でキャッシュフローは、実際に使えるキャッシュとしての儲けである。

＊株主をはじめとする投資家は、実際に使える、また裏付けのあるキャッシュフローを儲けとして重視している。

＊企業は投資家から資金を預かって事業を行っていると考えると、企業が事業投資などの評価を行う場合でも、投資家の見方と同じ基準、つまりキャッシュフローで儲けを評価することが必要になる。

＊実際の事業投資プロジェクトの評価では、投資まで含めた事業全体から生み出すキャッシュフローである、フリーキャッシュフローを儲けの基準として使っていく。

＊フリーキャッシュフローは、営業利益－税金＋減価償却費－設備投資額－運転資本増加額として計算する。

2　投資家の期待する儲けとは何か：資本コスト

この節のポイント

ここでは、投資家の期待する儲けである資本コストについて学んでいきます。

具体的には、資本コストとしてよく使われているＷＡＣＣ（ワック：Weighted Average Cost of Capital〈加重平均資本コスト〉）を取り上げ、ＷＡＣＣに影響を与える金利とリスク、借りた資金との関係、そして実際にＷＡＣＣが社内でどのように使われているのかについて学びます。

エグゼクティブへの道㉕

矢吹は、先日のミーティングでのホールディング会社の経営企画担当者の説明が気になっていた。

彼は、「新規事業に対しては、既存の事業よりもさらに高い投資効率の基準を設定する方針になっているので、出向する新規事業会社の投資効率の基準も高めにしている」

と言っていた。

ただ、同じ企業グループ内の食品分野の事業であれば、同じ投資効率の目標が公平な感じもする。

一方で安定期に入った既存事業よりも、これから積極的に投資を行い拡大していく新規事業に対してより高い投資効率の目標を設定したほうが公平だとも思う。

何となくしっくりいかない思いを持ちながら、矢吹はインターネットを使って事業ごとの目標設定の方法について調べ始めた。

① 資本コストとは何か

投資家、つまり企業に資金を提供している債権者や株主が期待している儲けとは何でしょうか？　銀行をはじめ企業に資金を貸している債権者は、その見返りとして金利の支払いを求めます。

一方、株主は株式投資の見返りとして、配当や株価の上昇による儲けを求めています。ただ、株主の儲けとなる配当を支払ったり、株価を上昇させるためには、企業はそのベースとなる儲けを生み出すことが必要になります。

つまり株主は、期待している配当や株価の上昇につながるだけの十分な儲けを生み出すことを企業に求めているのです。したがって投資家が期待している儲けとは、金利と配当、そして株価上昇による利益ということになります。

投資家が期待するこの儲けのことを、資本コストと呼びます。このように呼ばれるのは、企業側から考えると、投資家の期待する儲けをあげることが彼らから資金を調達する上での義務、つまりコストと考えられるからです。

それでは、投資家の期待している儲けのレベルは何が基準になるのでしょうか。具体的には、金利とリスクがポイントになります。

まず金利についてです。

投資家が企業の社債や株式に投資する時は、誰でも確実に儲けられるレベル、具体的には国債などの金利を最低レベルと考えるはずです。

なぜなら、仮に国債が安全なもので、持っていれば確実に年利２％の金利が貰えるとすると、国債を買って持っていれば確実に毎年２％の金利を受け取ることができます。

その場合、もしかしたら倒産するかもしれない企業の社債や株式を買う投資家は、当然、最低でも1年間で2％を上回る儲けを期待すると考えられるからです。

次にリスクです。リスクの本来の意味は、「変動する、分からない、不確実である、ブレる」というものです。リスクというと、「悪いことが起きる可能性」をイメージするかもしれませんが、本来のリスクの意味は違います。

簡単な例で考えてみましょう。例えば、来年確実に損失が発生する、という状態はリスクがある状態でしょうか。答えは×。リスクはない状態です。

なぜなら、損失の発生が確実だからです。逆に来年儲けが出そうだが100億円を上回るのか、それとも10億円にとどまるのか分からない、という状態はリスクがある状態になります。それは、どの程度の儲けが出るのかが分からない不確実な状況にあるからです。

したがってハイリスク・ハイリターンというのは、不確実性が高い事業、すなわち先が見えにくい事業では、より高い儲けが期待されているということを意味しています。

そしてローリスク・ローリターンというのは、不確実性が低い事業、すなわち先がある程度見えるような事業では、儲けは低くても構わないということを意味しています。

つまり、鉄道業界のように安定した事業を行っている企業の株主は、国債の金利を若干上回る程度の儲けで満足するはずですが、一方でＩＴのベンチャー企業のように業績がかなりブレる可能性のある事業を行っている企業の株主は、国債の金利をかなり上回る高い儲けを期待することになります。

このように、誰でも確実に稼ぐことができる金利とリスクの2つが、投資家の期待する儲けのレベルの基準になります。

つまり、金利が高い時にブレの大きなハイリスクの事業を行っていると、期待される儲けのレベルは高くなり、逆に低金利の時にブレの小さなローリスクの事業を行っていると、期待される儲けのレベルは低くなるのです。

②資本コストの中身

それでは、投資家の期待する儲けである資本コストとは具体的には何なのか、またどう計算すればいいのか、一緒に考えていきましょう。

まず借りたお金、つまり借入金や社債のコストは、実際の会社の負担を考えると金利になります。ただ、儲かっている企業の場合、金利を支払うと利益が減り税金が安くなります。

つまり、借入金や社債の会社にとっての実際のコストは、金利からこの節税効果を差し引いたものになります。

例えば、借入金や社債の金利が5％の時、税率が仮に40％だとすると、金利としての負担は5％であっても、それを支払うことによって利益がその分だけ減り、その40％分、つまり5％×40％＝2％分だけ節税ができます。

したがって、企業の実際の負担は、金利5％から金利の節税分である2％を差し引いた3％であり、これが借入金と社債のコストになるのです。

借入金&社債のコスト　＝　金利　×（1　－　税率）
3％　＝　5％　×（1　－　40％）

一方で株主から預かっている資金のコストは、株主から資金調達をしたときに企業が負担するコストのことです。

これは、具体的には株主が企業に対して期待している儲けになります。その理由は、株主が投資家として冷めた目で企業を見ているとすると、株主が期待、あるいは要求しているだけの儲けを投資先の企業があげてくれなければ、その企業の株を売ってしまうからです。

つまり、株主に株を継続して持ってもらい、また新たな株主に株を買ってもらうためには、企業が株主から期待されているだけの儲けをあげることが必要になるからです。この株主からの期待に応え、期待されているだけの儲けをあげることをコストと考えているのです。

株主が期待している儲けというと、直感的には株主に対して実際に支払う配当が思い浮かびます。

しかし実際は、株主にとっては配当だけではなく、株価の上昇も儲けになります。つまり、株主はその２つを合計して一定レベルの儲けをあげることを期待しているのです。

なお、配当を支払い、株価を上げるためには、それに見合うだけの当期純利益を企業が１年間で確保することが必要になります、つまり、株主の儲けの取り分である当期純利益を株主が期待するレベルで確保することが、株主から資金を集めるときのコストになるのです。

また、株主が期待している儲けのレベルは、具体的には最低でも誰もが確実に稼ぐことのできる国債の金利をベースにし、株式投資という不確実な投資、つまりリスクを取る分だけ追加でより多く儲けたいと考えているという想定で、金利＋リスクで計算していきます。

リスクによって追加されるレベルは企業によって異なります。したがって実際の計算では、これまでの株式投資では国債金利に比べて平均でどのくらい上回る儲けが出たか、という過

図表2-5　資本コストのイメージ

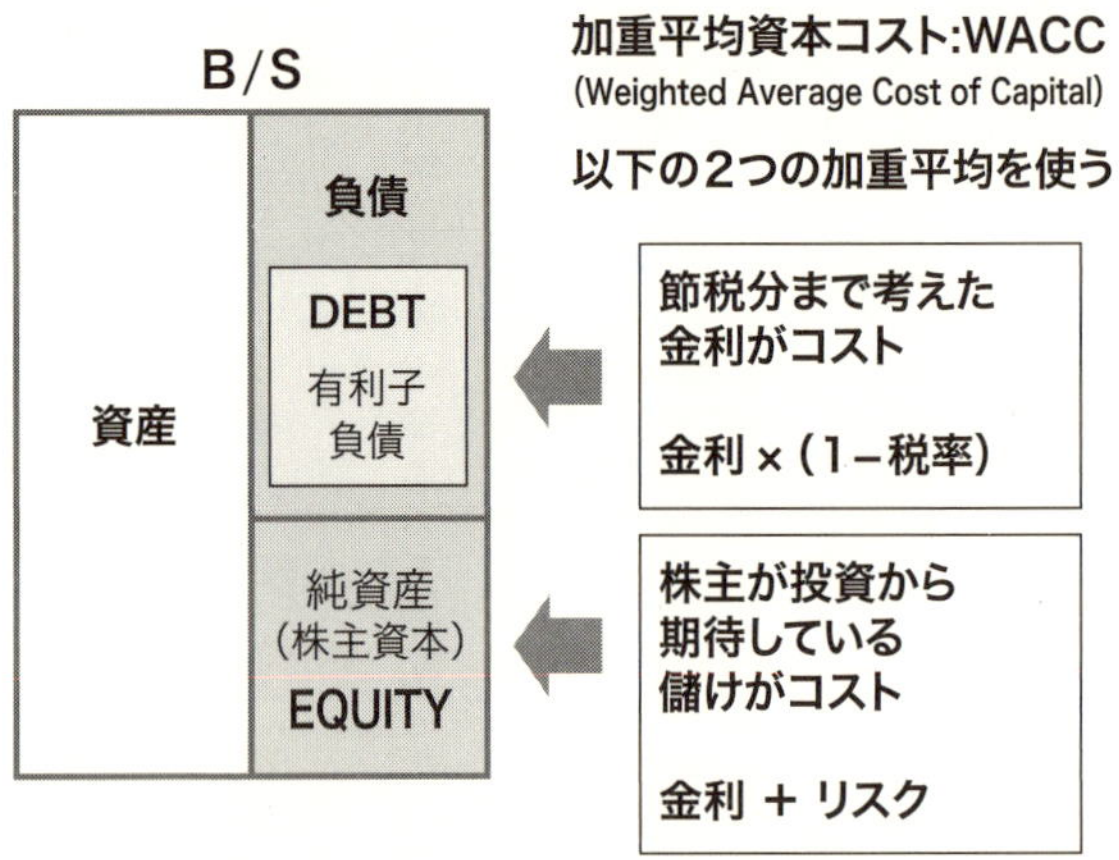

去の実績をベースにし、その上回った部分がリスクを取ることによる見返りと考えていきます。

その過去の実績と同じくらいの追加の儲けを現在の投資家も期待しているはずである、と考えるのです。

実際には、株主がリスクを取ることによって追加で期待している儲けの比率は、米国では平均すると8％程度、日本では6％程度となるようです。

ということは、日本の場合、国債の金利を仮に2％とすると、平均的な企業の株主は、それにリスク分の6％を加えた8％程度の儲けを期待していることになります。

さらに、企業は通常、借入金や社債といっ

た借りた資金と株主からの資金で事業を行っています。したがって、企業全体で考えると、借りた資金のコストと株主からの資金のコストの平均が企業全体としての資本コストになります。

この企業全体の資本コストを借りた資金と株主からの資金とに分けて、集めている資金の大きさをもとに、平均してどの程度の儲けが期待されているかを計算したものがＷＡＣＣです。多くの企業は、このＷＡＣＣを投資家から期待されている儲けのレベルとして用いています。

③資本コストのレベルはどうやって決まるのか

投資家の期待する儲けのレベル、つまりＷＡＣＣはどのような場合高く、あるいは低くなるのでしょうか。改めて確認してみましょう。ポイントは３つあります。

まず１つ目は、国債の金利のレベルです。前述のように、投資家が企業の社債や株式に投資する時には、誰でも確実に儲けられるレベル、具体的には国債の金利を最低レベルと考えます。これが高いか低いかによって、投資家の期待する儲けのレベルは変化します。

2つ目のポイントはリスクです。前述のようにリスクの本来の意味は、「変動する、分からない、不確実である、ブレる」というものです。

したがって、ハイリスク（不確実性が高い、あるいは先が見えにくい）の事業では、ハイリターン（より高い儲け）が期待されます。一方でローリスク（不確実性が低い、あるいは先がある程度見える）の事業では、ローリターン（低めの儲け）でも構わない、ということになります。

3つ目のポイントは、借りた資金の大きさです。繰り返しになりますが企業がお金を集める手段は、大きく分けると借りるか、株主から集めるかの2つです。

このうち借りた場合は、前述のように節税まで考えた金利がコストになります。この節税効果まで考慮に入れると、通常、借りた場合のコストはかなり低めになっています。

一方で、株主から資金を集めた時のコストは、前述のように株主が期待している儲け、つまり配当と株価の上昇の両方を合計したものです。

このうち配当については安定して受け取ることができそうですが、一方の株価は日々変化するので、両方を合計して考えると株主は必ずしも安定した儲けが得られるとは限りません。

さらに、会社が倒産した場合には、株主は借入金や社債を返済した残りの金額に対してしか

図表2-6　資本コストの高さは何で決まる?

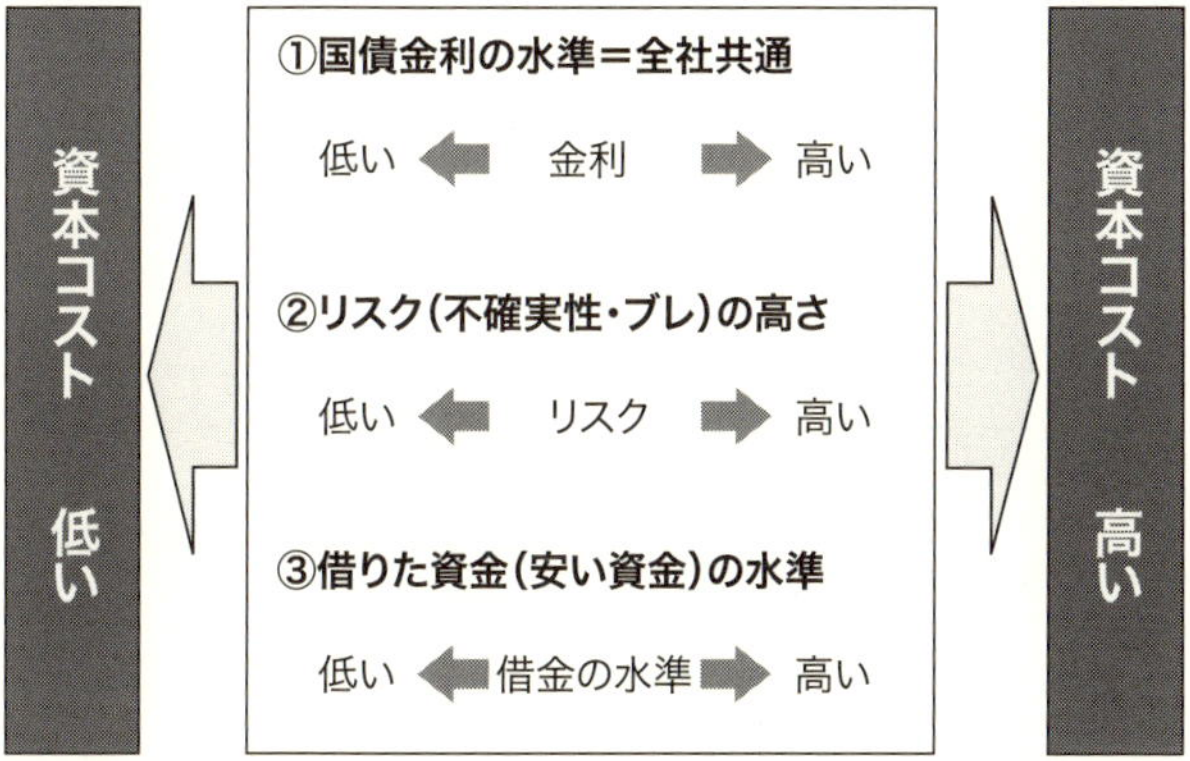

請求権がありません。

こうした点を考えると、株主はかなりのリスクを取って株式投資をしているため、その見返りとして比較的高めの儲け、少なくとも借り入れた場合の金利よりも高い儲けを期待することになります。

したがって、株主から資金を集めた時のコストは借りた資金のコストよりも高くなります。つまり、安い資金である借りた資金が大きくなればなるほどコストは低くなり、逆に借りた資金が少なくなればなるほどコストは高くなるのです。

結果として、これらの3つのポイントがどうなっているのかによって、企業が期待されている儲けのレベルが変わってきます。

図表2-7　WACCをベースに設定したハードルレートの例

日本企業

エネルギー会社：	4.0%
飲料メーカー：	5.0%
家庭用品メーカー：	5.0%
電機メーカー：	8.0%

米国企業

石油精製会社の企業：	15.0%
半導体関連のメーカー：	12.0%
医療機器及び医療材料メーカー：	10.5%

具体的には、金利が高い時期にリスクの高い事業を行っている会社が無借金の状態にあると、期待レベルは高くなり、逆に低金利の時にリスクの低い安定した会社がかなり借入をしていると、期待レベルは低くなります。現時点の日本の状況を前提にすると金利がとても低いので、その面では儲けの期待レベルは低めになります。

ただ、リスクと借入金や社債の大きさは、会社ごとに違っています。

例えば、鉄道会社のように安定した事業を行っている設備投資型の企業では一般的にリスクは低く、また大きな設備投資によって借入金や社債が多くなるために儲けの期待レベルは低めになります。

反対に、過去儲けてきたゲーム会社のようにブレやすい事業を無借金で行っている企業の場合は、リスクが高く借入金や社債がないため、期待レベルは高くなります。

④　資本コストをどう使うのか

それでは、投資家が期待する儲けのレベル、つまり資本コストを意味するＷＡＣＣは、具体的にどう活用していけばいいのでしょうか。

まずこのレベルは、事業を行う時に最低限確保しなければいけない儲けの基準値になります。特に最近では、投資信託や年金の運用資金といった、社会の多くの人々の資金を預かって運用するプロフェッショナルが投資家の中心です。

そうなるとＷＡＣＣは、彼らの立場から、金利、リスク、借入金・社債の大きさをもとに計算した理論的な儲けのレベル、つまり　ある意味では社会全体がその企業に対して期待している儲けのレベルと考えることもできるのです。

ＷＡＣＣはまず毎年の儲けという意味で、第１章の４で取り上げた、保有している資産に対する利益の率であるＲＯＡと比較することになります。

ただ、この場合の利益としては、投資家が期待する儲けである節税効果を考えた金利と当期純利益がいずれも税金を差し引いた後のものであることを考えると、営業利益から実際に負担している約40%の税金を差し引いた儲けが適切です。

また、儲けが数年にわたって出てくる投資プロジェクトを評価する場合には、次の節で取り上げる年平均で何%儲かるかを表すIRR法（Internal Rate of Return）の結果と比較することになります。

なお、実際にWACCを計算してみると、その結果に端数が出てしまうことが一般的です。また、WACCの計算のベースとなる金利やリスク、また借入金・社債の大きさも絶えず変化しているため、計算する時点が少し変わると結果が変わってしまいます。

したがって、実際に儲けの基準値としてWACCを使う場合には、使いやすい切りのいい数字となるように、またベースとなる数値が若干変化してもそれを上回る基準となるように、実際に計算したWACCを少し上回る切りのいい数字を基準値として設定することが一般的です。

こうして設定した率のことを一般にハードルレートや割引率と呼んでいますが、一般に日本企業で5%から10%程度、米国企業で10%から15%程度の水準に設定されていることが多くなっています。

図表２-８　WACCを何と比較するのか？

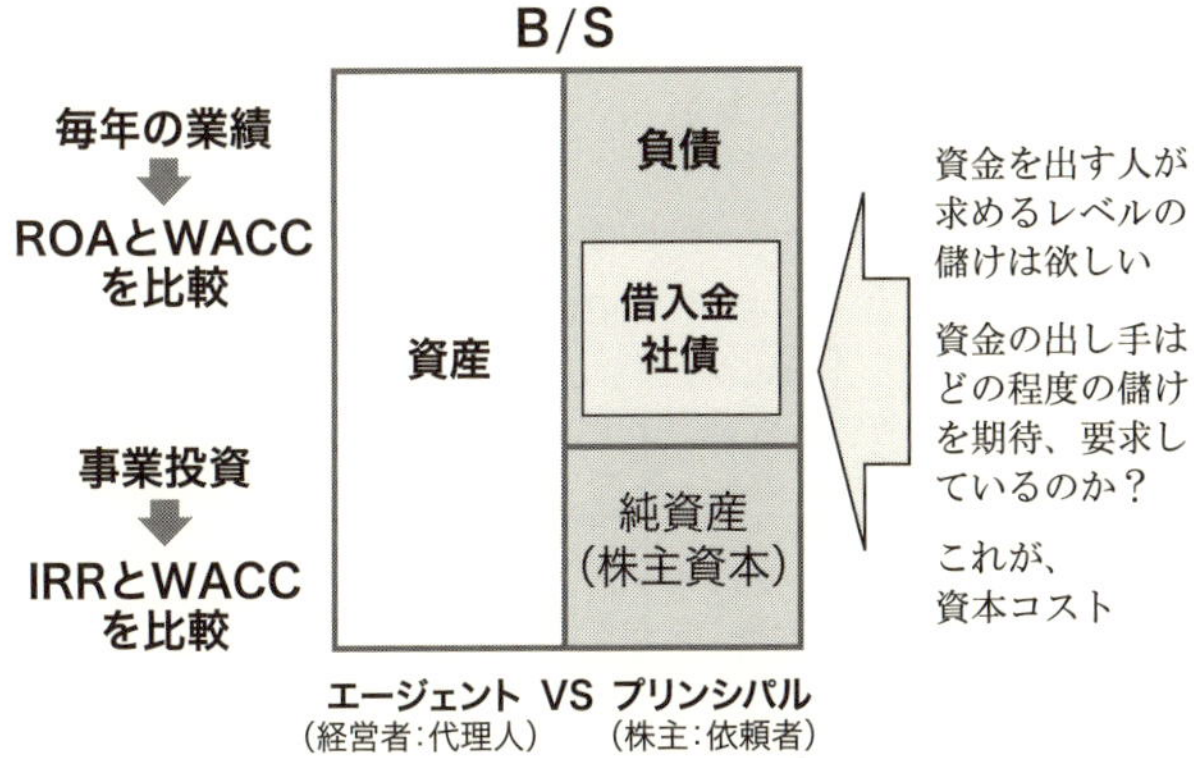

このように日本企業と米国企業のハードルレートの水準に違いがある理由の１つは、ＷＡＣＣ計算のベースとして使われる国債の金利水準が日米で違っていることです。

また、ハードルレートを設定している企業では、前述のようにその前提となるＷＡＣＣの計算のベースである金利やリスク、また借入金や社債の構成比率が絶えず変化しているので、１年に１回程度はＷＡＣＣを計算し直して、その結果に合わせてハードルレートの改訂を行うことが多いようです。

ワンポイント：事業分野によるＷＡＣＣの違い

これまで見てきたように、ＷＡＣＣは、金利とリスクと借入金・社債の大きさによって変わってきます。ということは、国債の金利を意味する金利は日

図表2-9　事業部門・地域ごとに割引率（ハードルレート）を設定する例

事業分野によってリスクが違う可能性がある。また、地域によってもリスクや金利が違う可能性がある。

地域 ＼ 事業分野	A事業	B事業	C事業
日本	5％	7％	9％
北米	8％	10％	12％
アジア	10％	13％	15％

本企業であれば共通ですが、リスクと借入金・社債の大きさは企業ごとに違っているので、ＷＡＣＣは企業ごとに異なることになります。

さらに、同じ企業の中でも、内容がかなり異なる事業を行っている場合には、それぞれの事業分野ごとに少なくともリスクは変わってくると考えられるので、基準値も変化する可能性があります。

また、同じ事業分野でも日本での事業と、海外での事業とでは、金利の違い、またリスクの違いなどから、基準値が変わる可能性があります。そのため、事業分野と地域のマトリックスを作って、事業分野別また地域別にハードルレートを決めている企業もあります。

エグゼクティブへの道㉖

矢吹は投資効率の基準であるＷＡＣＣについて学ぶ中で、金利とリスク、また借入金の大きさが儲けの基準値の高さに関係することが分かってきた。さらにリスクや借入金の大きさは企業によって違い、中でもリスクは同じ社内でも事業によって変わってくることも理解できた。

したがって、疑問を抱いた、既存事業と新規事業でそれぞれ違う投資効率の基準を設定するということは、事業によってリスクが異なるのであれば十分あり得る話だと納得した。

今後は社内にリスクの違う事業を抱えていたり、海外に事業展開している場合は、事業や地域ごとに投資効率の基準を変える必要もあることに注意して投資プロジェクトを評価していこうと思った。

この節のまとめ

＊資本コストとは、企業に資金を提供している株主や銀行などが企業に対して期待している儲けのことである。その期待に応えないと資金を集められないという意味では、資金を集めるときのコストと考えることもできる。

＊資本コストは、借入金・社債といった借りた資金と株主からの資金の2つのコストを平均したＷＡＣＣとして計算する。

＊ＷＡＣＣのレベルは、金利とリスク（不確実性）、さらに借りた資金と株主からの資金の構成比率によって変化する。

＊ＷＡＣＣは、事業や投資を行う際に資金を出している側から期待されている儲けの最低ラインであり、ＲＯＡや事業投資が年平均で何％儲かるのかを意味するＩＲＲ法の基準になる。

＊ＷＡＣＣを実際に社内で使う場合には、実際のＷＡＣＣの計算結果を少し上回る切りいい数字を、ＩＲＲ法の結果の基準となるハードルレート、あるいはＮＰＶ法の計算における割引率として採用するケースが多い。

＊ＷＡＣＣは、事業分野や地域ごとに金利やリスクが違う場合には変化する。そのため、事業分野ごと、地域ごとに区別したハードルレートや割引率を使う企業もある。

３　事業投資プロジェクトの評価とそれを高めるための方策

この節のポイント

ここでは、投資プロジェクトを評価する際のポイントを学んでいきます。

現在価値の考え方、具体的な評価方法であるＮＰＶ法、ＩＲＲ法、回収期間法、また、数字のシミュレーションであるシナリオ分析、感応度分析、さらに投資プロジェクトの評価を高めるための具体的方策を取り上げます。

エグゼクティブへの道㉗

矢吹は、子会社の取締役として初めて参加した昨日の投資委員会での議論が気になっていた。

子会社の企画部長が健康食品の新規事業の計画を発表した際に、本社の財務担当役員から、「回収期間は分かった。ただＩＲＲやＮＰＶはどうなんだ」と質問されたが答えられず、結局次回の投資委員会で再検討することになったのだ。

IRRやNPVという言葉自体は聞いたことがあったが、その詳細な内容まではまだよく分かっていない。そこで、次回の投資委員会での議論に参加できるように準備をしておこうと、インターネットを使って調べ始めた。

①金銭の時間的価値とは

企業が行う投資プロジェクトの評価では、そのプロジェクトが継続する期間全体の中で、投資家が期待している儲け、つまり資本コストに見合うだけの儲けを生み出せるかどうかがポイントになります。

この評価を行うための代表的な方法は、①現在価値でいくら儲かるかを基準に評価するNPV法、②年平均で何％儲かるのかを基準に評価するIRR法、③どの程度の期間で回収できるかで評価する回収期間法、の3つです。

具体的な事業投資の評価方法について確認する前に、NPV法とIRR法の計算の前提となる「金銭の時間的価値」という考え方について確認しましょう。

通常の事業投資では、第2章の1で取り上げたフリーキャッシュフローが長い期間にわたって発生します。

事業投資評価の前提となるファイナンスの考え方では、同じ１億円のフリーキャッシュフローであっても、今年稼ぐであろう１億円と将来稼ぐと見込まれる１億円とでは、その価値は違います。

このように考える理由は２つあります。

１つは、今年稼ぐであろう１億円は銀行に預けておくと１年後は金利分だけ価値が増加するという点です。

もう１つは、今年稼ぐであろう１億円はほぼ確実に稼ぐことができると考えられますが、１年後に稼ぐと見込まれる１億円は、いろいろな環境変化が起こる可能性もあるため、本当に１億円を稼ぐことができるかどうかについて若干確実性が低くリスクが高いという点です。

このようにファイナンスの考え方では、近い将来生み出すと見込まれるフリーキャッシュフローは、遠い将来生み出すと見込まれるフリーキャッシュフローに比較して、同じ金額であっても金利が稼げる、リスクが低い、という２つの点でより価値が高いと考えられているのです。

このように、生み出されるタイミングの違いによってフリーキャッシュフローの価値に違いがあるとする考え方を、「金銭の時間的価値」と呼んでいます。

投資プロジェクトの評価を行う際には、この時間的価値の考え方をフリーキャッシュフローに加味するために、金利とリスクを考慮した割引率で割り引いていきます。

ワンポイント：割引率はWACC

割引率としては第2章の2で取り上げたWACCを使います。その理由は、NPV法を使って投資プロジェクトを評価する場合は、あくまでも資金を提供している方（投資家）の立場から評価していこうとしているからです。

つまり、企業のWACCが5％の場合には，資金を提供している銀行や株主は平均で年率5％の儲けを期待しており、彼らの立場から考えると、キャッシュフローを生み出すタイミングが1年遅くなると、儲かる金額が5％増えないと同じ儲けとは考えられないことになります。

逆にいうと、彼らの立場から考えると1年後のキャッシュフローは、今のキャッシュフローと比較すると同じ金額でも5％だけ目減りした価値しかないように見えるので、それを反映する必要があるのです。

図表2-10　NPVによる投資プロジェクト評価のイメージ

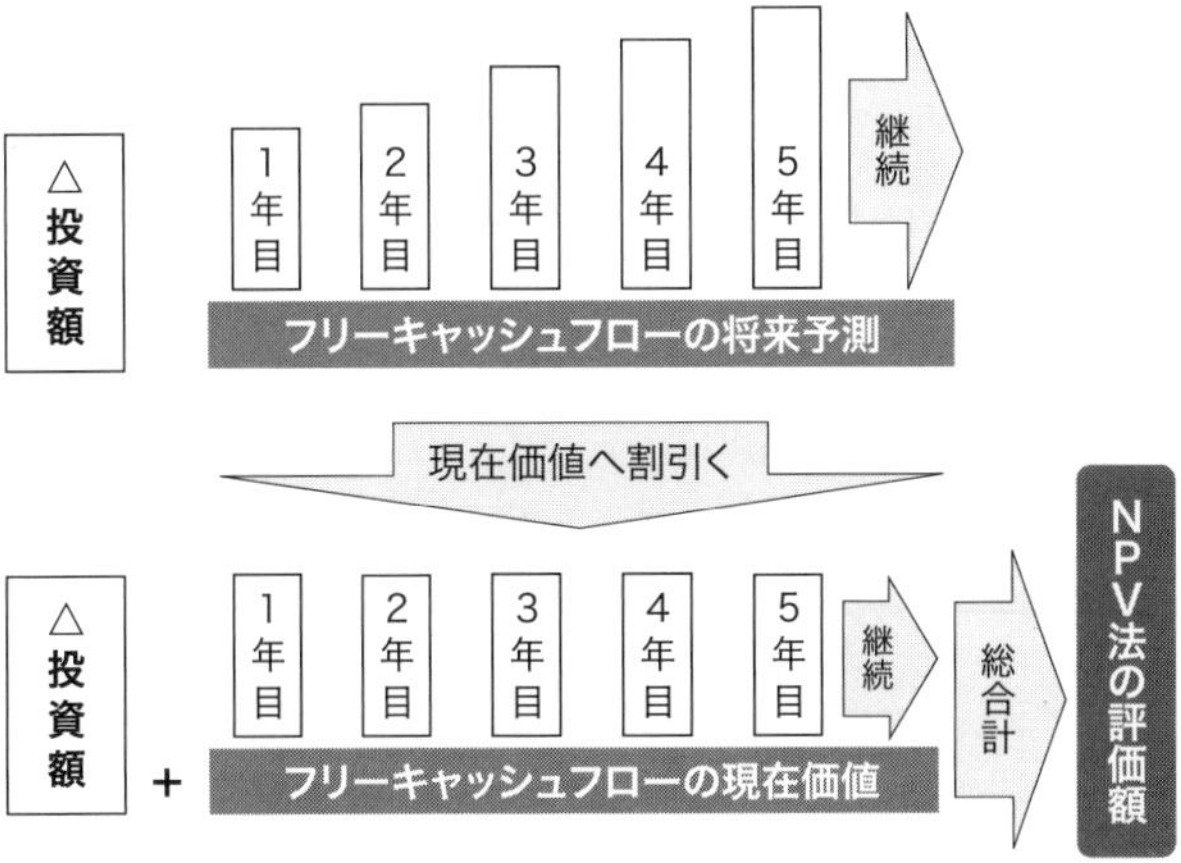

②ＮＰＶ法（正味現在価値法）

ＮＰＶ法（ＮＰＶ：Net Present Value）は、この投資プロジェクトを実行すると現在の価値でいくら儲かるのか、つまり儲けの金額の大きさをもとに評価する方法です。

具体的には、投資を行うことによる将来のフリーキャッシュフローの変化を予測し、その変化分をすべて現時点での価値に割り引いて置き直し、それを合計した金額で評価していきます。

この結果がプラスの場合は、現時点での価値に置き直して見てみると、その金額だけ価値を生み出す、つまり儲かる投資プロジェクトであり、実行すべきであることになります。

一方、その結果がマイナスの場合には、現時点の価値に置き直すと、その金額だけ損をすることを意味しているので、実行すべきでないということになります。割引率としては、前述のようにＷＡＣＣ（加重平均資本コスト）を使います。

ＮＰＶ法の評価の基準

ＮＰＶ≧０　→　実行する

ＮＰＶ＜０　→　実行しない

③ ＩＲＲ法（内部収益率法）

ＩＲＲ法（ＩＲＲ：Internal Rate of Return）は、投資プロジェクトの全体を通して、平均で年率何％儲かるのかをもとに評価する方法です。

ＩＲＲ法の結果は、ＮＰＶ法による評価結果が「０」となる割引率と一致します。ＮＰＶ＝０の時の割引率ということは、その割引率と同じだけの資本コストがかかった資金を使ってその事業を行うと、ちょうど儲けがゼロになるということを意味しています。

つまり、その事業投資については、毎年ＩＲＲ法の結果と同じ率だけの儲けを期待して資金を投入すると、ＮＰＶ＝０、つまり儲けも損もでずに、期待しているのとちょうど同じだ

ＩＲＲ法の評価の基準

ＩＲＲ＞ハードルレート（ＷＡＣＣ）　→　実行する
ＩＲＲ＜ハードルレート（ＷＡＣＣ）　→　実行しない

けの儲け、すなわちＩＲＲ法の結果と同じ率の儲けを稼げることを意味しています。

言い換えると、ＩＲＲ法はその事業投資についての年平均投資利回り、つまり年平均で何％儲かるのかを意味しているのです。

ＩＲＲ法では、事前に投資プロジェクトの種類に応じて、ＷＡＣＣをもとに最低限これだけは稼ぐ必要があるという投資利回り（儲けの率）、つまりハードルレートを設定し、各事業投資のＩＲＲ法の結果がハードルレートを上回っている場合には実行し、下回った場合には実行しないことになります。

つまりＩＲＲ法の結果をハードルレートと比較して、プロジェクトをふるいにかけるのです。なおＩＲＲ法の結果の数字は、投資プロジェクトから得られる将来のフリーキャッシュフローの予測があれば、表計算ソフト（エクセル）を使うことによって簡単に算出できます。

④回収期間法（ペイバック法）

回収期間法とは、投資プロジェクトの投資額が、企業で決めた一定の期間内（カットオフ期間）に回収されるものに対して投資するという方法です。

投資プロジェクトから生み出されるフリーキャッシュフローの合計が、プラスになるまでにかかる期間のことを回収期間（ペイバック期間）と呼び、この期間が企業で決められたカットオフ期間より短い投資プロジェクトにだけ投資していきます。

回収期間が長いということは、遠い将来の儲けまで含めなければ投資を回収できないため、その面でリスクの高いプロジェクトであることを意味します。反対に回収期間が短いと、早く投資の回収ができるリスクの低いプロジェクトになります。

したがって、この方法では「回収期間」がリスクを表す指標となります。この方法はとても分かりやすいため、実際に多くの日本企業が回収期間法を使ってきました。

ただ、この方法には２つ問題があります。１つは回収期間内のフリーキャッシュフローだけで評価されその後の儲けは全く無視していること、２つ目は今年と来年のフリーキャッシュフローが全く同じ価値として集計され時間的価値が考えられていないことです。

したがって、長期的には儲かっても回収に時間がかかる投資は軽視され、早めに回収できる安全な投資ばかりが優先されるという傾向が強まるので、一定の投資効率を確保できる投資を選択していくという資本コストを考えた評価にはなっていないことになります。

しかし、ライフサイクルが短い製品に関連する設備投資や、政治状態が不安定な地域への投資のようにリスクが高く、投資額をできるだけ早く回収することが重要な投資プロジェクトを評価する場合には、この方法を採用する意味があります。

⑤ ３つの方法の使い方

３つの方法は、それぞれに特徴と意味がありますが、一般的にはその中でもNPV法が最もいい方法といわれています。その理由は、残りの２つの方法には注意しなければならないポイントがあるからです。

まず回収期間法は、「回収」が基準になっているため儲かるのかという視点が不十分です。

またIRR法は、％で儲けを評価するため規模の大きさが無視されてしまいます。結果として、「金額的」に「いくら儲かるか」を基準にするNPV法が、より望ましい方法と考えられています。

それでも、企業によっては3つの方法を併用するケースもあり、以下のようなやり方で評価が行われています。

まず、回収期間法を使って回収にあまりにも時間がかかるような事業投資ではないことを確認します。

次にすべての投資プロジェクトについてIRR法の結果を計算し、その結果を、WACCをもとに設定したハードルレートと比較して、投資利回りの面から投資プロジェクトの選別を行います。

そして、残った投資プロジェクトの中でまずは緊急度の高いものを優先し、さらに残った中から、投資の予算を考えてNPV法による各投資プロジェクトの評価金額の合計が最も大きくなるような組み合わせを選択していくのです。

⑥フリーキャッシュフローの予測とシミュレーション

投資プロジェクトの評価の結果は、将来のキャッシュフローをどう予測するのかによって変わってきます。一方で、将来の予測を完璧に行うことはほぼ不可能です。

しかし、これまで述べてきた評価方法を効果的に活用するためには、次のようなステップで将来の予測をできるだけ的確に行うことが重要です。

フリーキャッシュフローの将来予測の最初のステップは、売上高の予測です。

通常は、対象企業の製品・サービスの強みと弱み、市場の動向や競合他社の動きなどをもとに、市場全体での販売可能な数量、獲得できそうなシェア、想定価格などを検討し、売上高を予測します。

次に費用について、売上高と連動する場合はそれを前提に、連動しない場合は他のどの要素と関係するのかを考えながら、予測数値を作成していきます。それらの結果をもとに、営業利益までの予想損益計算書を作成します。

そして、運転資本（売上債権、棚卸資産、仕入債務など）は、売上高としばしば連動することから過去の売上高との関係をはじめ、顧客や供給業者との取引条件、そして過去の在庫量の推移などから予測します。

また、設備などへの投資額については、投資計画などをもとに将来予測を作成します。なお、将来予測は、その事業投資によるフリーキャッシュフローの変化が表れると予想される期間にわたって作成する必要があります。

この中では、第1章で取り上げた過去のPL、BS、CFの分析や財務比率の推移などが参考になります。それでも、やはり完璧な将来予測というのはあり得ません。

したがって、シミュレーションを行うことが重要です。そのやり方として代表的なものが以下の2つです。

(A) シナリオ分析

シナリオ分析は、事業投資を実行した場合に起こる可能性の高いシナリオ、つまり市場の状況・競合企業の反応・自社の具体的な施策などのストーリーをいくつか作り、それぞれの場合のフリーキャッシュフローの予測をもとにNPV法やIRR法の結果を計算して、将来のリスクや可能性を検討していく方法です。

シナリオとしては、自社にとって好ましいストーリーを想定した楽観シナリオ、良くも悪くもない普通のストーリーを想定した中間シナリオ（ベースシナリオ）、悪いストーリーを想定した悲観シナリオという３つを作成することが望ましいといわれます。

またそれに加えて重要なのが、最悪のシナリオの場合にどの程度のキャッシュフローの負担が発生し、その負担があっても企業として存続できるかを検討することです。存続が難しそうならプランを修正するか、全く別のプランを採用することが必要です。

（Ｂ）感応度分析（Sensitivity Analysis）

感応度分析とは、フリーキャッシュフローの予測の中で、まだ確定していない変数について、それが楽観的な数値、あるいは悲観的な数値になった場合に、そのプロジェクトのＮＰＶ法の結果がどこまで良くなる、あるいは悪くなるのかを計算し、それをもとにリスクを検討していく方法です。

確定していない変数とは、事業投資の内容によっても違いますが、例えば、市場規模、市場シェア、販売単価、単位当たりの変動費、単位当たりの固定費などが考えられます。

その中でも、例えば市場規模や市場シェアなどは外部の状況に特に左右されるため、感応度分析をする意味が大きいでしょう。
ただ、それぞれの変数の間には、販売単価を下げると市場シェアが高くなるといった相互関係がある場合もあるので、そのような点にも注意しながら分析することが必要です。

こうした事業プランに基づいたNPV法やIRR法による評価やリスク分析は、市場環境や競合企業に対する戦略といった数値化されていない定性的な事業プランを数字に置きなおして検証することでより具体的になり、さらなるブラッシュアップにつながるという面でも大きな意義があります。

つまり、置かれた環境でどんな戦略を打ち出し、その場合どういう結果が得られ、それは数字としてどの程度の儲けになるのか、それは資本コストを上回っているか、上回ってなければどのように事業プランを変更するとよいのか……という具合に、定性的な事業プランとフリーキャッシュフローの予測をもとに評価した定量的な事業プランをループさせるように検討していくことで、プランそのものが練り上げられていくのです。

さらに、NPV法やIRR法を使って、投資家が期待する儲けの出るプロジェクトかどうかを確認することは、投資家の代理人とも言える経営者が、その使命を果たすことのできる

図表2-11　NPV法、IRR法で評価することの意味

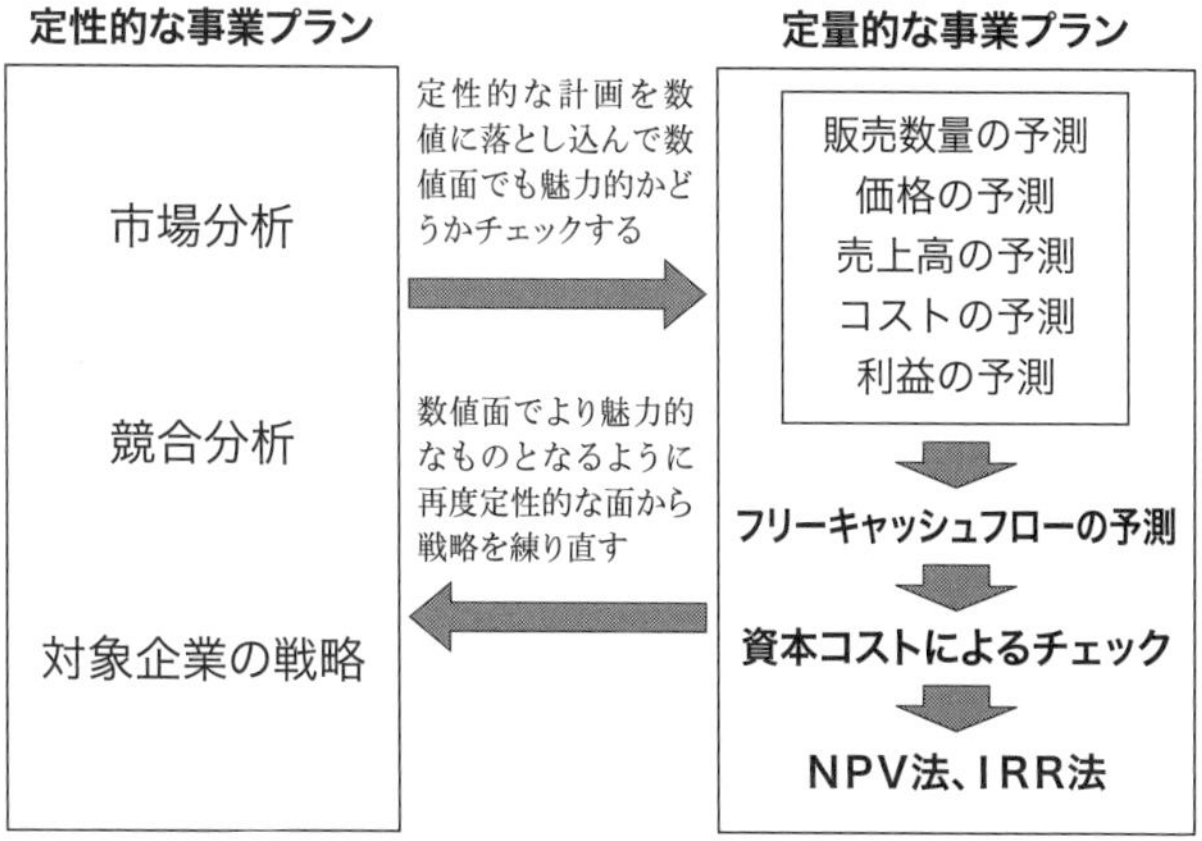

プロジェクトかどうかを見極めることでもあるのです。

ワンポイント：低価格メニューで成長する外食チェーン経営者の出店調査

低価格メニューで業績を拡大している外食チェーンのある経営者は、出店の候補地があると、すぐ現地へ行き以下の４点を実行しています。

① 出店候補地の空き物件を調べ、広さや家賃に注目しながら見て回る。

② 候補地の地元の人に、人通りの様子や競合店舗の有無を確認する。

③ 平日の昼と夜、また週末に候補地へ行き、街を歩いている人を見てみる。

④　近隣の競合店舗のメニューや店の様子を見て回る。

このうち①は、店舗開設の候補となる不動産について、投資金額、立地、規模を現場で確認し、②は潜在的な顧客と競合店舗の情報をできるだけ〝生〟で入手することが目的です。そして、③では曜日や時間を変えながら現場を確認し、④では競合店舗の状況確認も行っているのです。

これは外食産業に特有の面もありますが、実際に投資先の現場へ赴き、顧客と競合企業について直接情報を得るということは、多くの事業の投資案件で欠かせない手法です。NPV法やIRR法そのものの計算も大切ですが、同時に試算・分析をより洗練させるためにも、こうしたフィールドワーク的な検討もしっかり行うことが重要です。

⑦投資プロジェクトの評価を高めるには～NPV法をベースに考える

NPV法では、フリーキャッシュフローの予測値が遠い将来のものであるほど、その分だけWACCを使って割り引いていくことになります。

つまり、NPV法の計算方法から考えると、フリーキャッシュフローをできるだけ多く、かつ早く生み出せるようにビジネスの構造を変化させることが、ＮＰＶ法での評価結果、すなわちこの投資プロジェクトの価値を高めることになります。

それでは、フリーキャッシュフローの計算方法にしたがって、それをより多くかつ早く生み出す方策を考えていきましょう。

（Ａ）営業利益を拡大させるための施策

利益が最大化する価格と販売数量の組み合わせになるように、価格をよく検討する、製造委託先や製造方法などを見直しコスト削減の余地がないかを確認する、販売促進費をさらに効果的に活用して価格をコントロールし販売数量を増加させていく、といったことが考えられます。

（Ｂ）合法的な税金の優遇策の活用

税金の優遇措置がある場合にはそれを確実に利用したり、税率が低い地域での事業展開を検討する、といったことが考えられます。そのためには、外部の優秀な税金の専門家に依頼して、その他に活用できる税金の優遇措置がないかどうかを検討してもらうことも一案です。

しかし、欧州をはじめ、過度な節税策に対して厳しい見方が出てきていることには注意が必要です。

(C) 法人税法で認められている減価償却費の計上

減価償却費を加えることができるのは、フリーキャッシュフロー計算のスタートとなる営業利益を求めるときに費用として差し引かれていても、実際にはキャッシュは出て行かないため、そもそも取り消す必要があるからです。

したがって、単に減価償却費を増やしてフリーキャッシュフロー計算の中で加えても、同時に計算の出発点である営業利益が減価償却費を増やした分だけ減ってしまうので、結果的に相殺《そうさい》されてフリーキャッシュフローは変化しません。

ただし減価償却費は、税金の計算上は費用となります。したがって、法人税法で認められている減価償却費をできる限り集計して今年の税金を少なくし、逆に将来の減価償却費を減らして来年以降の税金を増やせば、税金を支払うタイミングが遅くなります。その分、キャッシュを一定期間手元に残すことができるため、その金利分だけ有利になるといったメリットはあります。

ゆえに、例えば定額法が原則となった建物は除いて、できるだけ減価償却費が前倒しで集計される定率法を採用し、耐用年数は法人税法上で認められている年数以上には延ばさないことなどを検討する余地はあります。

(D) 投資額の削減やタイミングの検討

初期投資の金額をできるだけ抑えたり、投資のタイミングを可能な範囲で後ろにずらしたり、何回かに分割したりすることによって、キャッシュフローの面で有利な方向へ持っていく方法が考えられます。

(E) 運転資本のコントロール

フリーキャッシュフローをより多くするためには、運転資本を増加させないようにすること、つまり売上債権と棚卸資産の圧縮を行い、仕入債務を多くすることが考えられます。

具体的には、売上債権の圧縮については、早期回収ができるように顧客と交渉する、信用力の低い顧客には慎重に対応する、請求漏れなどをなくすことで債権管理を徹底する、不良債権の発生を抑え、発生した場合には早期の回収に努力する、などの方法が考えられます。

さらに、長期のプロジェクトの場合は分割して検収してもらうことによって、少しでも早く代金を回収するという方法もあります。

次に棚卸資産の圧縮については、受注から生産完了までの期間を短くして完成品在庫を持たずにすむようにする、売れ行きをもとに仕入れる商品をしっかり選別する、部品の共通化をはかる、サプライチェーンマネジメントを導入する、などが考えられます。

最後に仕入債務については、早期支払による値引きなどのメリットと、ゆっくり支払うことによってキャシュフローに余裕が生まれるというメリットを比較して、どちらが有利なのかを考えながらバランスを取ることが重要です。

ワンポイント：感応度分析によるインパクトの大きさ

フリーキャッシュフローの計算に直接関係する項目を、同じ％でその項目だけ変化させて、NPV法の結果の変化が大きい順に並べてみると、一般に、①価格、②原価、③販売数量、④販売管理費及び設備投資額、⑤運転資本、といった順になっています。

このことから、投資プロジェクトの評価を高めるためにはどの項目に目をつければより効果的か、また、どの項目の前提が変わるとNPV法の評価がより大きく変化するのか、とい

図表2-12　事業投資の評価の事例

投資意思決定のケース

以下の2つの投資案件を、NPV法、IRR法、回収期間法、の3つで評価しなさい。

（単位：千円）

	投資額	1年目リターン	2年目リターン	3年目リターン	4年目リターン	5年目リターン
プロジェクトX	1000	350	350	350	350	350
プロジェクトY	1000	100	200	400	600	600

（1）NPV法では、割引率を5％、10％、15％の3つを使って評価すること。
各時点での「1」の現在価値（現価係数）は下記のとおりである。

割引率	現時点	1年後	2年後	3年後	4年後	5年後
5%	1	0.952	0.907	0.864	0.823	0.784
10%	1	0.909	0.826	0.751	0.683	0.621
15%	1	0.870	0.756	0.658	0.572	0.497

ったことが見えてきます。

当然、各項目を変化させることの難易度は違いますが、こうした結果から、初期に適切な価格をつけることや値引きを避けることの重要性、社内で主導しやすい原価や販売管理費の削減を常に心がけることの大切さなどが分かります。事業の実態を把握するために、感応度分析を活用してみてください。

⑧投資プロジェクト評価の具体例

図にある2つの事業投資プロジェクトXとYを、NPV法、IRR法、回収期間法という3つの方法で評価してみましょう。なお、XとYは現時点で100万円だけの投資を行

図表2-13　NPV法による評価結果

a)割引率　5%

プロジェクトX　(単位:千円)

	投資額	1年目リターン	2年目リターン	3年目リターン	4年目リターン	5年目リターン	累計
キャッシュフロー	−1000	350	350	350	350	350	
現価係数	1	0.952	0.907	0.864	0.823	0.784	
現在価値	−1000	333	317	302	288	274	515

プロジェクトY

	投資額	1年目リターン	2年目リターン	3年目リターン	4年目リターン	5年目リターン	累計
キャッシュフロー	−1000	100	200	400	600	600	
現価係数	1	0.952	0.907	0.864	0.823	0.784	
現在価値	−1000	95	181	346	494	470	586

b)割引率　10%

プロジェクトX　(単位:千円)

	投資額	1年目リターン	2年目リターン	3年目リターン	4年目リターン	5年目リターン	累計
キャッシュフロー	−1000	350	350	350	350	350	
現価係数	1	0.909	0.826	0.751	0.683	0.621	
現在価値	−1000	318	289	263	239	217	327

プロジェクトY

	投資額	1年目リターン	2年目リターン	3年目リターン	4年目リターン	5年目リターン	累計
キャッシュフロー	−1000	100	200	400	600	600	
現価係数	1	0.909	0.826	0.751	0.683	0.621	
現在価値	−1000	91	165	301	410	373	339

c)割引率　15%

プロジェクトX　(単位:千円)

	投資額	1年目リターン	2年目リターン	3年目リターン	4年目リターン	5年目リターン	累計
キャッシュフロー	−1000	350	350	350	350	350	
現価係数	1	0.870	0.756	0.658	0.572	0.497	
現在価値	−1000	304	265	230	200	174	173

プロジェクトY

	投資額	1年目リターン	2年目リターン	3年目リターン	4年目リターン	5年目リターン	累計
キャッシュフロー	−1000	100	200	400	600	600	
現価係数	1	0.870	0.756	0.658	0.572	0.497	
現在価値	−1000	87	151	263	343	298	143

い、その後は毎年、フリーキャッシュフローベースの儲けを5年にわたって生み出すような事業投資のプロジェクトです。

（A）NPV法のシミュレーション

割引率がそれぞれ5％、10％、15％となった場合の、2つの事業投資のNPV法の結果を計算していきます。

まずプロジェクトXは、割引率5％の場合には以下のようになります。まず初年度の投資額であるマイナス100万円は、現時点で行うものなので、その金額がそのまま現在価値となります。

次に1年目の儲けである35万円は1年後の儲けであるため5％で割引く、つまり1÷（1＋0・05）＝0・952を掛け合わせると、現在価値では約33万3000円になります。

なお、この0・952のことを、割引率が5％の場合に1年後のフリーキャッシュフローを現在価値に置き直すために掛け合わせる数字という意味で、「現価係数（Present Value Factor)」と呼びます。

同じように2年目の儲けの現在価値は、35万円に1を（1＋0・05）の2乗で割った結果の０・９０７を掛けて、31万７０００円となります。同じように、５年目までの儲けを現在価値に置き直してすべてを合計すると、51万５０００円となります。

この51万５０００円が、割引率を５％とした場合のプロジェクトXのNPV法による結果になります。これは、プロジェクトXを実行すると現在価値で51万５０００円儲かることを意味しているので、Xは実行可能なプロジェクトになります。

同じようにプロジェクトYは、割引率５％の場合にはNPV法による結果は58万６０００円となり、この金額だけ儲かることを意味しているので、実行可能となります。同じく割引率を10％、15％と上昇させていった場合にも、図のようにプロジェクトX、YともにNPV法の結果はプラスとなるため、実行可能となります。

この結果から２つの傾向があることが分かります。

１つは、XもYも割引率を上昇させていくと、NPV法の結果が徐々に小さくなってくることです。

これはXもYもまず最初に投資を行い、その後儲けが徐々に出てくるというパターンになっているため、マイナスの数字である最初に行う投資については、割引率に関係なくそのままの金額で評価されますが、プラスの数字である１年目以降の儲けは、割引率を上昇させる

図表2-14　IRR法と回収期間法による評価結果

(2) IRR法

プロジェクトX	22.11%
プロジェクトY	19.45%

(3) 回収期間法

プロジェクトX　(単位：千円)

	投資額	1年目リターン	2年目リターン	3年目リターン	4年目リターン	5年目リターン
キャッシュフロー	−1000	350	350	350	350	350
累計額	−1000	−650	−300	50	400	750

プロジェクトXのペイバック期間は3年

プロジェクトY　(単位：千円)

	投資額	1年目リターン	2年目リターン	3年目リターン	4年目リターン	5年目リターン
キャッシュフロー	−1000	100	200	400	600	600
累計額	−1000	−900	−700	−300	300	900

プロジェクトYのペイバック期間は4年

につれて徐々にその現在価値が小さくなっていくからです。

もう１つは、割引率が５％と10％の場合には、ＹのＮＰＶ法の結果がＸを上回っていますが、15％になると逆転してＸのＮＰＶ法の結果がＹを上回ってくることです。

これは、ＹはＸに比べて最初は儲けが少なく、その後徐々に大きくなっていくプロジェクトなので、割引率が高くなればなるほど、将来の儲けが大きい部分をかなり割り引くことになってしまい、結果として現在価値が小さくなってしまうためです。

このように、割引率が変化することによって、ＮＰＶ法の結果やプロジェクトの優劣が変化する可能性があることには注意が必要です。

(B) IRR法のシミュレーション

プロジェクトXとYについて、IRR法の結果を計算すると以下のようになります。

X:22・11%

Y:19・45%

この結果から分かるように、2つのプロジェクトを比較するとXの方が年平均投資利回り、つまり年平均何%儲かるのかを意味するIRR法の結果が高くなっています。

したがって、XとYが同じような事業分野の投資プロジェクトであれば、Xの方がより魅力的なプロジェクトということになります。

なお、これは割引率を5%、10%、15%と上昇させていった場合のXとYのNPV法の結果からも推測することができます。つまり5%と10%の場合、NPV法の結果はYの方が大きくなっていますが、15%になると逆にXの方が大きくなっています。

したがって、このまま割引率を上昇させていくと、NPV法の結果はYの方が先にゼロになってしまう可能性が高いと予想できるのです。

すなわち、ＮＰＶ＝０になる時の割引率はＹの方が低く、ＮＰＶ＝０となる時の割引率と一致するＩＲＲ法の結果は、Ｙの方が低くなると推測できるのです。

（Ｃ）回収期間法のシミュレーション

プロジェクトＸとＹを回収期間法で評価してみると、Ｘは、投資額である１００万円を３年目までの儲けの合計である１０５万円が上回っているので、ペイバック期間（回収期間）は３年になります。

Ｙは、投資額１００万円を４年目までの儲けの合計１３０万円が上回っているので、ペイバック期間は４年となります。その結果、回収期間法では、回収期間が短いＸの方がより魅力的なプロジェクトになります。

ただ、目標とする回収期間（カットオフ期間）が４年の場合は、いずれのプロジェクトも回収期間は４年以内なので実行可能となります。

エグゼクティブへの道㉘

矢吹は、投資プロジェクトの評価方法について確認する中で、現在価値でいくら儲かるか、つまり金額で評価するNPV法と、年平均で何%儲かるか、つまり%で評価するIRR法のイメージがかなり湧いてきた。

また、分かりやすい回収期間法は、「どの程度儲かるのか」という視点が入っていないことから、意味はあるが課題もあることが分かってきた。

今後はNPV法やIRR法も活用していこうと決意すると同時に、キャッシュフローの予測の前提が現実的であるかどうかをしっかりと考えること、また予測は完璧にはできないのでシミュレーションを行うことの重要性も胸に刻んだ。

この節のまとめ

＊ 事業投資の評価は、フリーキャッシュフローの予測を金利とリスクを反映した割引率（通常はＷＡＣＣ）によって割り引いた現在価値をもとに行う。

＊ 具体的な投資プロジェクトの評価方法には、現在価値でいくら儲かるかで評価するＮＰＶ法、年平均で何％儲かるかで評価するＩＲＲ法、投資額がどれくらいの期間で回収できるかで評価する回収期間法の３つがある。

＊ ３つの方法の中では、規模も含めた儲けを基準に評価するＮＰＶ法が最も良い方法だと考えられているが、実際には３つの方法を組み合わせて評価する場合もある。

＊ フリーキャッシュフローの将来予測は実際には難しいため、シナリオ分析、感応度分析などによって、シミュレーションを行うことが必要になる。

＊ 投資プロジェクトの評価を高めるためには、営業利益の早めの確保、節税策の活用、投資効率の向上、運転資本の圧縮などがポイントになる。

＊ ＮＰＶ法やＩＲＲ法の計算はやや面倒であるが、エクセルを使うと簡単にできる。

4　企業価値をいかに評価し、向上させるか

この節のポイント

ここでは、Ｍ＆Ａや上場公開企業の理論株価の評価などで使われる企業価値の評価方法について学んでいきます。

代表的な方法である時価純資産法、類似会社比較法、ＤＣＦ法の内容と、ＤＣＦ法をもとにした企業価値を高める具体的な方法、さらにＭ＆Ａにおける買収金額の評価の際に注意すべきポイントについて取り上げます。

エグゼクティブへの道㉙

矢吹俊は、今日のグループ幹部会議でホールディング会社の社長が何度も繰り返していた「企業価値を高めるために」という言葉が気になっていた。「企業価値」という言葉は、新聞や雑誌などでもよく見かける。

しかし、何となく自分なりのイメージはあるものの、改めて考えてみるとつかみどこ

ろがない。企業のブランド、企業の活力、企業の儲ける力、どれも企業価値を意味しているように思うが、はっきりしない。

また、先日、競合企業が実行した買収についても、ある雑誌に買収金額がやや高すぎたのではないか、という記事が載っていた。

企業価値をもとに買収金額はどのように計算するのか。買収金額が高すぎるかどうかはどう判断するのか。企業価値についていろいろな疑問が湧いてくる中、矢吹はインターネットと本でその意味を調べ始めた。

①企業価値とは何か

企業価値とは何でしょうか？

企業価値というと、読者の皆さんはいろいろなことをイメージされるかもしれません。例えば、企業のブランドの価値、顧客ネットワークの価値、技術の価値、人材の価値、あるいはそれらが一緒になって作り上げられるビジネスモデルの価値など。

また、立場によっても企業価値のイメージは違うかもしれません。

顧客の立場からは、良い製品やサービスを適切な価格で販売し、購入後のトラブルにも応えてくれる価値。従業員の立場からは、やりがいのある仕事とその対価を与えてくれることによる価値。

サプライヤーの立場からは、より多くの部品やサービスを購入し、きちんと代金を支払ってくれる価値。様々な価値がありそうですが、ここでは投資家の立場から見た企業価値について考えていきます。

金融関係の人に企業価値とは何かと質問してみると、よく出てくる答えは「企業価値はデットプラスエクイティ（DEBT＋EQUITY）」というものです。これは何を意味しているのでしょうか。

この場合のDEBTとは、企業が借りているお金のことです。日本語ではよく長期債務、あるいは有利子負債と訳されますが、具体的には借入金や社債のことを意味しています。

一方、EQUITYとは株主から預かっている資金のことです。

株主の立場から考えるとその価値は時価総額（Market Capitalization：略してマーケットキャップともいいます）、つまり株価に発行済み株式総数を掛け合わせたものになります。これを株主価値とも呼んでいます。

図表2-15　各ステークホルダーからみた企業価値

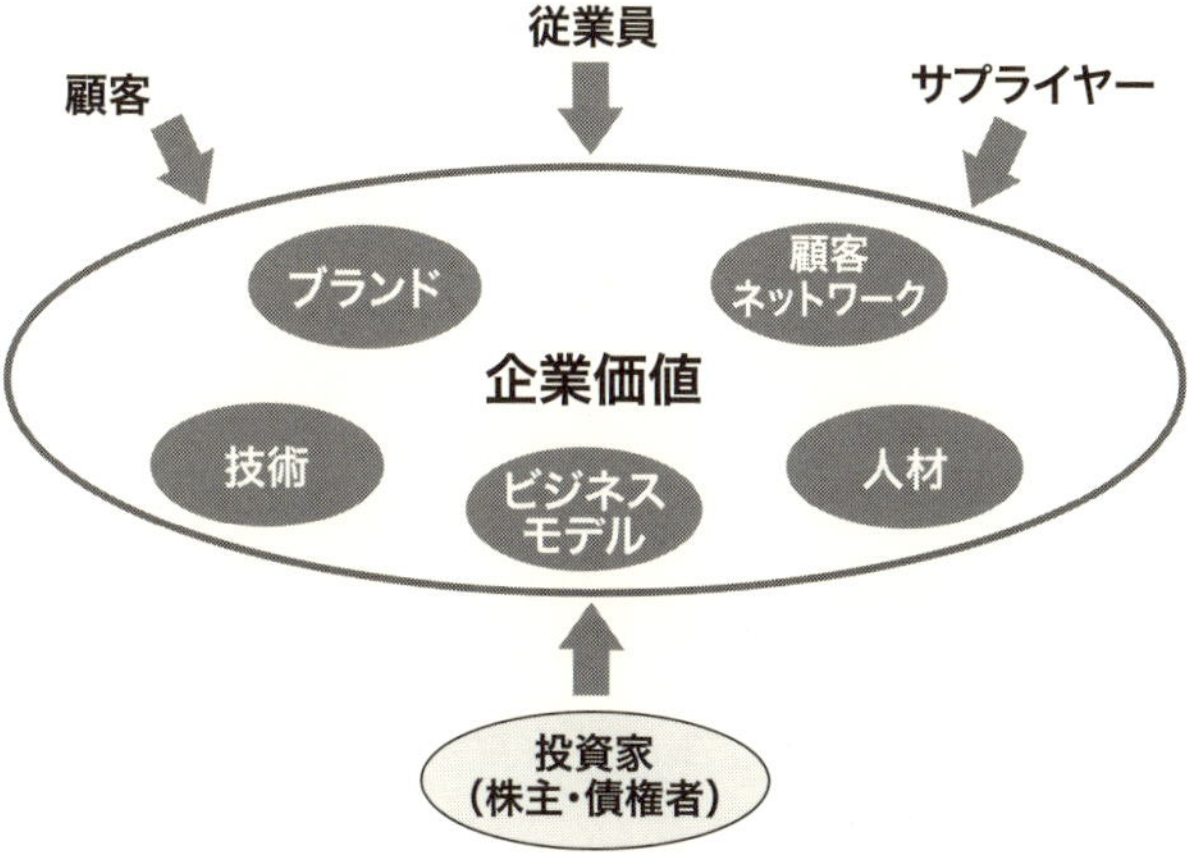

金融や投資ビジネスに携わる人たちの考え方では、これら２つの合計が企業価値になります。

つまり、企業は銀行などの債権者と株主が資金を提供することで成り立ち、同時に彼らが企業の儲けや資産に対して権利を持っているので、借入金や社債の額と時価総額とを合計したものが企業価値になるという意味です。

また、別の見方をすると、上場公開企業の場合は、資金を提供している投資家が企業の様々な情報に基づいて投資を行っているので、その結果として決まってくる社債の時価や株式の時価総額に企業の実力が適切に反映されているはずであり、それらを合計すれば企業価値が計算できる、と考えているのです。

しかしこれは、証券市場での評価をもとに算定した企業価値であり、それが企業の実力から考えて妥当なものかどうかを確認するためには、また証券市場での評価額がない非上場公開企業の企業価値を評価するためには、これとは別に理論的な企業価値や株主価値を計算することも必要です。

② 企業価値はどう評価するのか

それでは、理論的な企業価値はどのように評価するのでしょうか。

この理論的な企業価値や株主価値、つまり株主の権利の価値である理論的な時価総額を計算するための方法には様々なものがあるのですが、そのうち代表的なものが以下の3つです。

(1)時価純資産法（バランスシートアプローチ）

これは、第1章の2で取り上げたバランスシート（貸借対照表）をもとに、評価する時点で企業の持っている資産をすべて売却し負債をすべて支払って、企業を清算したと仮定して評価する方法です。

図表２-16　時価純資産法

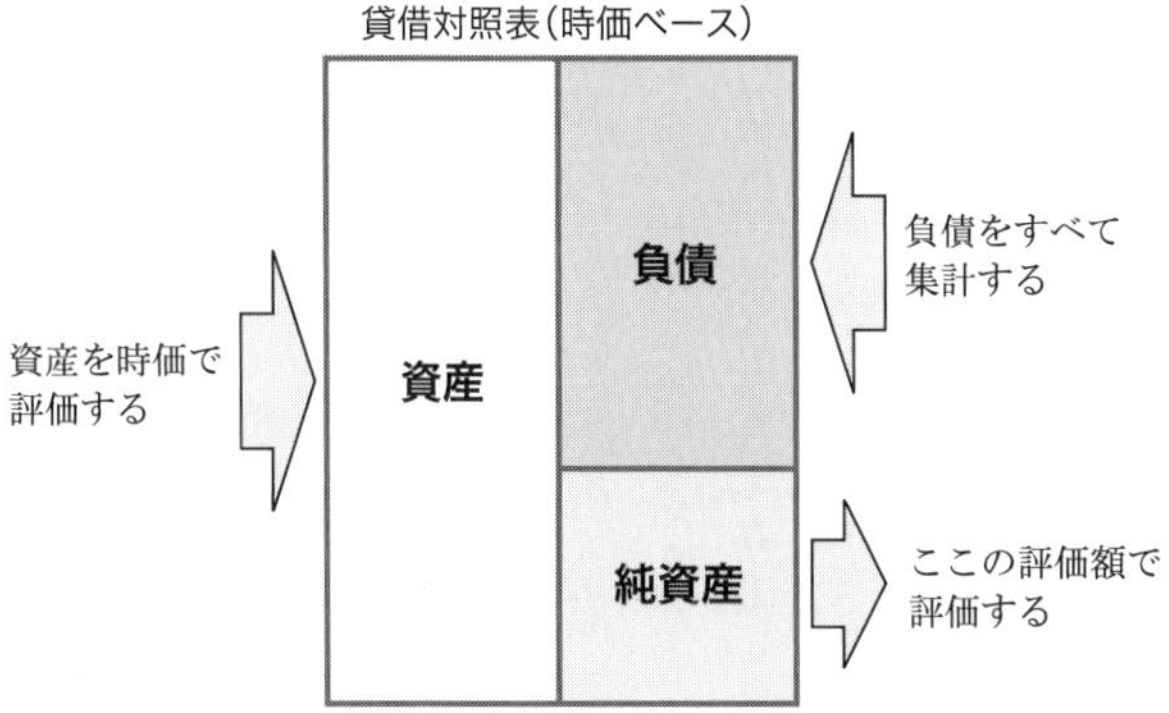

具体的には、資産をすべて時価で評価し、負債をすべて適切な金額で集計してバランスシートを作成し、その資産から負債を差し引いた時価ベースでの純資産（資本）の金額を理論的な時価総額と考えます。これに借入金と社債の金額を加えたものが企業価値になります。

⑵類似会社比較法（マーケットアプローチ）

これは、評価したい企業と事業の内容や規模が似ている上場公開企業を選択すれば、利益、純資産、売上高、キャッシュフローなどと株価や時価総額との比率は互いに同じ程度になるはずだ、ということを前提に評価していく方法です。

これは、類似した企業の財務数値と株価との比率をもとに評価していくので、類似した企業の現在の証券市場における株価の評価に注目した方法ということになります。

この方法で代表的なものが、利益と株価の関係に基づくＰＥＲ（Price Earning Ratio：株価利益倍率）を使った評価法です。

この方法ではまず、類似した企業の１株当たりの株価が１株当たりの利益の何倍になっているか、つまりＰＥＲを計算します。そして、似た企業どうしであれば、その倍率はほぼ変わらないはずだと考えて、評価したい企業の１株当たりの利益に、類似した企業のＰＥＲの平均を掛け合わせて株価を推定していくのです。

このように計算した１株の金額に発行株数をかけると、理論的な時価総額が計算でき、それに借入金や社債の金額を加えたものが企業価値になります。

これ以外に、事業から生み出したキャッシュフローを意味するＥＢＩＴＤＡ（Earning Before Interest Tax Depreciation Amortization）を使った方法もあります。

ワンポイント：ＰＥＲ（Price Earning Ratio：株価利益倍率）

ＰＥＲとは、株価（Price）と利益（Earning）との比率（Ratio）のことです。つまり、現在の株価が１株当たりの当期純利益の何倍になっているかを計算したものです。

前述のマーケットアプローチでは、PERがその基準の1つとしてよく採用されています。具体的には、事業の内容や規模が似ている企業どうしは株価と1株当たりの当期純利益の比率は同じ程度になるはずだという前提をもとに、類似している企業のPERに、評価したい企業の1株当たりの当期純利益を掛け合わせて、株価の理論値を計算します。

また、類似会社としては1社だけを選択することもありますが、数社を選択してその平均値を使うこともあります。

PER　＝　株価　÷　1株当たりの利益

PERについては、何倍でなければならないという絶対的な数字はありません。通常、10〜20倍程度となっていることが多いようです。

また、一般に成長期にある業種や企業の場合には、1株当たりの利益が今後増加していくことを見込んで、現在の1株あたりの利益に比較して株価が高めになるため、結果としてPERは高めになる傾向があります。

一方で成熟期にある業種や企業では、一般に今後1株当たりの利益はあまり増加しないと考えられ、株価はそれほど高くならないので、結果としてPERは低めになる傾向があります。

なお、この方法は、類似した企業としてどのような企業を選択するのかによって結果が変わるので、その選択を適切に行うことが重要です。

ワンポイント：EV／EBITDA倍率

EV／EBITDAは、イーヴィーイービッダ、あるいはイーヴィーイービットダと読みます。EV（Enterprise Value：企業価値）とEBITDA（Earning Before Interest Tax Depreciation Amortization）との比率をもとに企業価値、理論的な時価総額を計算していく方法です。

EVは、有利子負債の金額と時価総額の合計で計算した企業価値のことです。一方でEBITDAは、金利（Interest）、税金（Tax）、減価償却費（Depreciation）、無形固定資産の償却費（Amortization）の4つを差し引く前の（Before）利益（Earning）という意味です。

このうち前半のEBITまでは、借入金や社債の支払利息と税金を差し引く前の利益のことであり、実質的には本業の儲けである営業利益とほぼ同じような意味です。

後半のＤＡは、減価償却費（Depreciation）と、特許権やのれんといった無形固定資産の償却費（Amortization）のことです。

この2つは、集計された時にキャッシュの支払いが行われる費用ではなく、この2つであるＤＡをＥＢＩＴに足し戻すことによって、ＤＡを差し引く前の利益、つまりキャッシュフローベースに置き直しているのです。

つまり、ＥＢＩＴＤＡはキャッシュフローをベースに計算した本業からの儲けを意味しています。

ＥＢＩＴＤＡは、資金を提供した株主と債権者に分配される儲けのベースになります。

したがって、ＥＢＩＴＤＡが多いほど、資金提供者である債権者や株主の取り分も多くなり、結果として債権者と株主の権利の価値である借入金や社債の金額と時価総額の合計、つまり企業価値も大きくなるというように、ＥＢＩＴＤＡとＥＶの2つは連動すると考えられます。

さらにこの2つの数値の比率は、事業の内容や規模が似ている企業同士ではほぼ同じ水準になると考えられます。

そこに注目して、まず類似している企業のＥＶがＥＢＩＴＤＡの何倍になっているのかを計算し、その倍率に評価したい企業のＥＢＩＴＤＡを掛け合わせて、その企業のあるべき企業価値を計算します。

その理論的な企業価値から、ＤＥＢＴ、つまり借入金と社債の合計金額を差し引いて、理論的な時価総額を計算していくのです。

ＥＶ／ＥＢＩＴＤＡ倍率＝

ＥＶ（ＤＥＢＴ〈社債と借入金の金額〉＋　ＥＱＵＩＴＹ〈時価総額〉）÷　ＥＢＩＴＤＡ

ＥＶ／ＥＢＩＴＤＡ倍率も、ＰＥＲと同じように、何倍でなければならないという絶対的な数字はありません。そうはいっても、一般に、安定期あるいは成熟期に入った企業や業種では、５倍から10倍程度となることが多いようです。

また、成長期にある業界や企業の場合には、今後ＥＢＩＴＤＡが増加することを見込んで時価総額が高めになるため、ＥＶ／ＥＢＩＴＤＡ倍率は高めになる傾向があります。

⑶ＤＣＦ法（インカムアプローチ）

この方法は、企業の将来の儲けをベースに評価していくものです。この中の代表的なものがDCF法です。

これは、企業が事業を中心に将来稼ぐであろうキャッシュフローを予測し、それを金利やリスク（不確実性）を考えて今の時点の価値に置き直し、その合計をベースに企業価値を計算するものです。

具体的には、このように計算した事業価値に、遊休地など事業に活用する予定がない資産があればそれを非事業用資産として時価で加え、企業価値を計算します。それから、会社にもしものことがあった場合に、債権者が優先的に受け取れる部分である借入金や社債を差し引いて、理論的な時価総額である株主価値を算出します。

③時価総資産法、類似会社比較法、DCF法の比較

これらの3つの中で、買収金額の評価や上場企業の理論的な株価などを計算する際によく使われているのは、⑵と⑶です。

⑴は、企業を清算することを前提にしている方法であり、通常企業は事業を継続していく

図表2-17

DCF法のイメージ

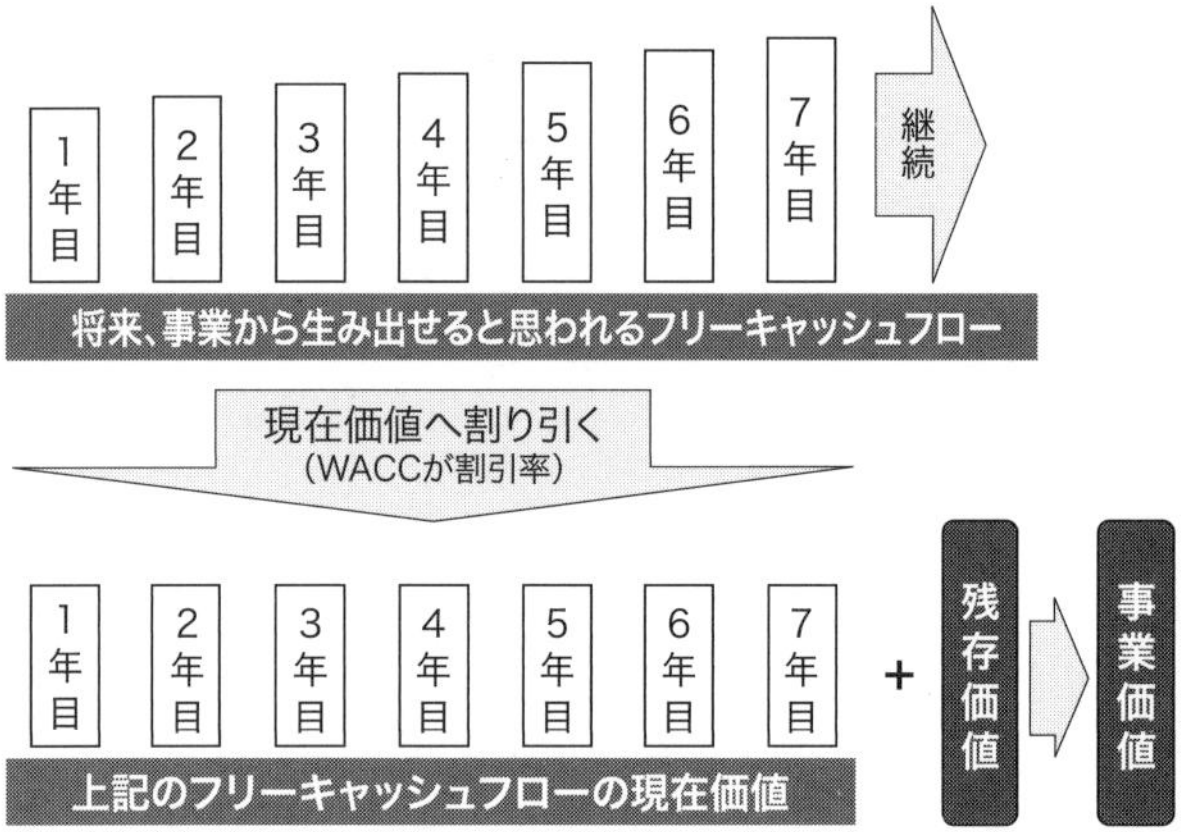

事業価値、企業価値、株主価値の関係

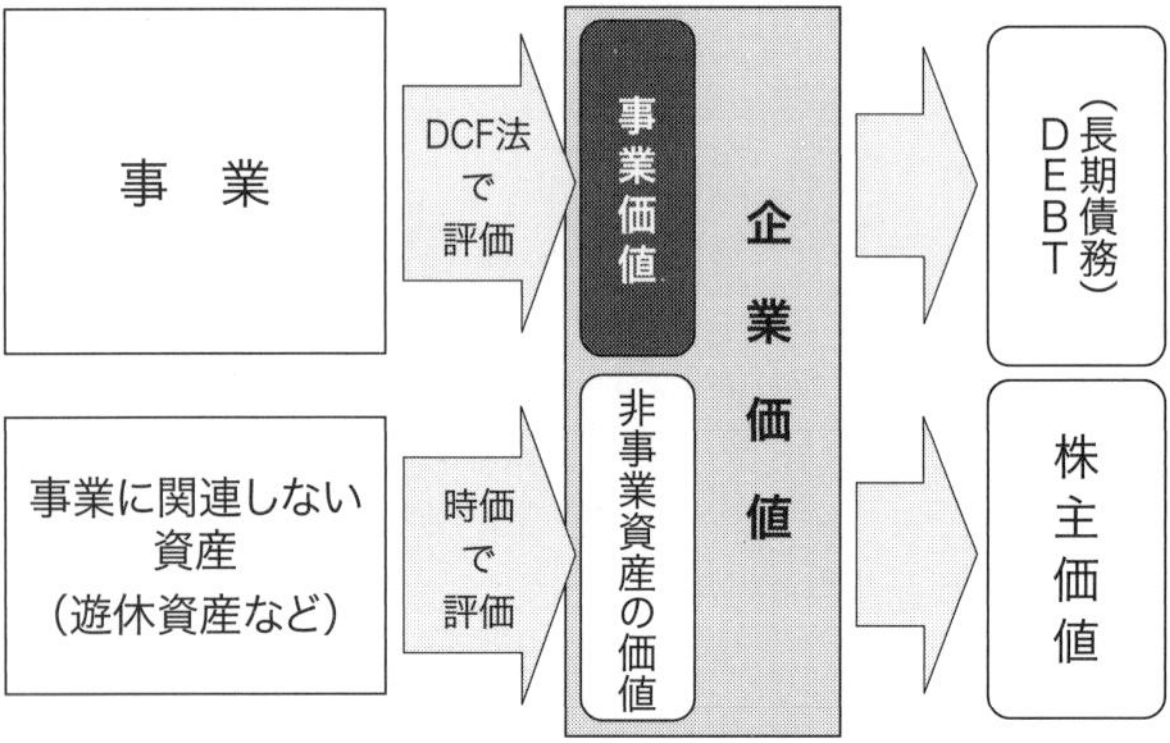

ことを考えると、現実を反映したものとはいえないため、あまり使われてはいません。

ただし不動産会社のように、保有している設備や土地にかなりの価値がある設備投資型の企業を評価する場合に採用されることがあります。

一方で、よく使われている⑵と⑶の中で、理論的に最もよい方法は⑶といわれています。なぜなら、⑶は評価したい企業自身の将来の儲けの予測をベースに評価をする方法ですが、⑵はあくまでも類似している他の企業を基準に評価していくものであり、評価したい企業そのものの価値を評価しているわけではないからです。

とはいえ、⑶はあくまでも将来の予測をベースにしているため、必ずしも正確な評価ができるとは限りません。

そこで、評価を補強するために⑵の結果も計算し、⑵と⑶をもとに大体の企業価値あるいは理論的な時価総額の範囲を提示して、その上で買収金額の交渉をしたり、上場公開企業の本来の株価を表す理論株価のベースとして活用することが多くなっています。

図表2-18　2014年1月10日時点　日本市場時価総額ランキング

（単位：百万円）

順位	会社名	金額
1	トヨタ自動車(株)	21,687,904
2	ソフトバンク(株)	10,829,956
3	(株)三菱UFJフィナンシャルグループ	9,716,340
4	本田技研工業(株)	7,725,742
5	(株)NTTドコモ	7,634,385
6	(株)三井住友フィナンシャルグループ	7,607,619
7	日本電信電話(株)	6,433,706
8	日本たばこ産業(株)	6,390,000
9	(株)みずほフィナンシャルグループ	5,736,952
10	KDDI(株)	5,614,992
11	(株)デンソー	4,641,944
12	(株)ファーストリテイリング	4,359,627
13	キヤノン(株)	4,314,725
14	ファナック(株)	4,263,248
15	日産自動車(株)	4,258,514
16	三菱地所(株)	4,090,548
17	(株)日立製作所	4,089,110
18	(株)セブン&アイ・ホールディングス	3,895,913
19	ヤフー(株)	3,819,269
20	武田薬品工業(株)	3,806,260

④企業価値・株主価値（時価総額）を高めることの意味

それでは、企業価値、またその中心となる時価総額を高めることには、どのような意味があるのでしょうか。ここでは時価総額に絞り込んで考えてみましょう。

まず、株価や時価総額が高くなると、株式の発行数が少なくても多額の増資が可能となるため、資金調達の面で有利になります。次に、買収される企業の株主に買収する企業の株式を渡す株式交換の仕組みを使った買収においてもメリットがでてきます。

まず買収する側に回った場合には、株価や時価総額が高いと、少しの株式を発行するだけで企業買収を行うことが可能になるので、いろいろな企業の買収がしやすくなります。

逆に買収される側に回った場合にも、株価や時価総額が高いと、買収側の企業がかなりの株数を発行しないと買収できないため、買収のターゲットにされにくくなるというメリットがでてきます。

さらに最近は、投資家の中で企業年金、特に個人が運用方針を選択することができる確定拠出型年金や投資信託の比率が高くなってきています。

それらの資金を実際に運用しているのは、証券会社や信託銀行などに所属する運用のプロフェッショナルです。

彼らはプロとして、絶えず投資先の企業の様々な情報を入手し、それをもとに投資を行っています。そして、期待している儲けを生み出せそうだと考えた場合には株式を購入し、逆にそうでないと考えた場合には売却していきます。

したがって、株価ひいては時価総額が上昇するということは、プロがその企業が期待している以上の儲けを生み出せそうだと評価していることを意味し、逆に低下するということは、期待しているほどの儲けは生み出せないと評価しているということになります。株価や時価総額の変化には、そのような見方もあるのです。

また、以上から考えると、企業は年金や投資信託を通じて多くの人の財産を預かっている立場とも考えられます。ということは、企業経営がうまく行われず、時価総額が低下すると、多くの方の財産の価値を低下させてしまうことになるのです。

そうすると、上場企業は株価や時価総額を高めに維持し、預かっている多くの人の財産の価値を上昇させるという、大きな社会的責任を負っていると考えられます。

その結果として、企業経営がしっかり行われているかを監視するために「コーポレートガバナンス」、すなわち「企業統治」がより重視されてきているのです。

⑤企業価値・株主価値を高めるための具体策

それでは、企業価値、また株主価値を高めるためにはどうしたらよいのでしょうか。

ＤＣＦ法をもとに考えると、理論的な時価総額を意味する株主価値のベースは企業価値であり、その企業価値は事業価値と非事業資産の価値の合計となっています。したがって、この２つの価値を高めていくことがポイントになります。

まず事業価値は、事業から将来生み出すことができると考えられるフリーキャッシュフローを、ＷＡＣＣを使って割り引いて計算したものです。

ということは、本章の３で見てきた投資プロジェクトの価値の向上策と同じように、フリーキャッシュフローをできるだけ大量に生み出せるよう、また、将来のものは何度も割り引かれてしまうことを考えると、できるだけ早めに生み出せるようにすることが必要です。

具体的には、出発点となる営業利益を早めにたくさん生み出し、減価償却費も含めて税金の優遇措置を活用し、売掛金の回収を早め、棚卸資産を減らして運転資本を削減し、さらに効率のよい投資を行う、という方向へビジネスの構造を変化させていくことが必要です。

その次は割引率の問題です。割引率としてはＷＡＣＣが使われます。したがって、ＷＡＣＣを低くすることができると割引率の低下につながり、将来のフリーキャッシュフローがあまり割り引かれず、事業価値が高めになるのです。

具体的には、本章の２で学んだように、割引率を決める３つの要素、すなわち金利とリスクが低く、借入金・社債が多い、という方向に行けば、割引率が下がることになります。

このうち国債の金利がベースになる金利と事業などの不確実性を意味するリスクは、企業がコントロールすることは難しいと思います。一方で借入金・社債のレベルについては、企業がコントロールできる可能性があります。

つまり、安いカネである借入金・社債を適度に使うことによって割引率を低下させることができるのです。ただし、借入金・社債を使うと徐々に財務的に危険な状況に近づいてきますので、「適度に」ということがポイントです。

最後は、事業に関連しない資産の活用です。そのような資産を所有するための資金は、資金提供者（投資家）が提供したものであり、彼らはそれに対しても、理論上は毎年WACC程度の儲けを生み出すことを期待しています。

したがって、WACC以上の儲けや値上がりが期待できない場合には、出来るだけ早めに売却してキャッシュに換え、それをWACC以上の儲けを獲得できるような事業への投資、あるいは借入金や社債の返済、株主への配当や自社株買いなどに向けていくことが望ましいと考えられます。

さらに、ビジネスの仕組みについても、競争優位を確立するために必要な場合を除いて、有形の資産はあまり所有せず、ノウハウをはじめとする無形の資産で勝負するような方向性を目指していくべきだといえるでしょう。

⑥ 買収金額の評価のポイント

企業買収を成功させるためには、買い手にとっては買収金額が、売り手にとっては売却金額が、それぞれ重要なポイントになります。その評価結果を見る場合のポイントについて確認しておきましょう。

まず、類似会社比較法では、類似会社としてどの企業を選択するのかが評価額に大きな影響を与えます。したがって類似会社として選択された企業の選択理由を確認するとともに、類似会社として本当に適切なのかを検討することが重要です。

特に、買い手としてはＰＥＲなどの高い企業がやや意図的に選択されていないか、逆に売り手としてはＰＥＲが低い企業がやや故意的に選択されていないか、またいずれの立場でも選択されている企業以外に類似企業はないのか、といった点をよく検討することが必要です。

次にＤＣＦ法では、中核となる事業価値の評価の中で、将来予測が現実的かどうか、割引率は適切に設定されているか、最終年度以降のフリーキャッシュフローの伸び率が高すぎないか、といった点をよく検討することが重要です。

特に、将来予測の前提となる売上高の成長率や、利益率の推移、必要投資額や運転資本などの推移の予測が過去の数値や今後の見込みから考えて適切か、といった点は重要です。また、割引率がＷＡＣＣなどを使って正しく計算されているか、そして類似した企業の状況などと比較しても低すぎないか、といったポイントもよく確認する必要があります。さらに、０〜３％のなかで選択されることが多いフリーキャッシュフローの伸び率が、事業を展開する地域の経済成長率から考えて高すぎないか、という点も重要です。

このように企業の株価の評価方法にはいくつかあり、またそれぞれ前提を変えることで評価額が大きく変わる可能性があります。

このことに注意しながら、評価結果を冷静に見ていくことが必要です。なお、このうちＤＣＦ法の事業価値の評価の部分は、投資プロジェクトの評価の注意点にもなります。

エグゼクティブへの道㉚

矢吹は、企業価値について学ぶ中で、企業価値には様々な意味があること、また、数字、なかでもファイナンスという視点から考えると、企業が事業を中心にキャッシュフローを将来生み出せる能力を評価したものであることが分かってきた。

しかし、それは評価する人の見方や立場によって変わってくるということも分かった。ただ、実際の時価総額などは、プロの投資家が各企業の状況を十分に把握して株式の売り買いをした結果でもある。したがって、１つの客観的な評価額として企業価値のベースと考えることができそうである。

とはいえ、その時価総額を高めるためには、ベースとなる企業価値の向上が必要であり、それには事業から生み出されるフリーキャッシュフローを増やす日々の努力が不可欠だということを、矢吹は改めて実感した。

子会社ではあるが、取締役になるということの責任の重さを感じると同時に、自分は何ができるのかを常に考えながら、企業価値の向上にベストを尽くそうと決意した。

この節のまとめ

＊ 金融関係者は、企業価値とは市場での評価に加えてDEBT＋EQUITYである、と考えていることが多い。

＊ 理論的な企業価値や株主価値の計算方法には、BSをベースにした清算価値に近い時価純資産法（バランスシートアプローチ）、類似した会社の株価の相場をベースに評価する類似会社比較法（マーケットアプローチ）、将来のキャッシュフローの予測をベースに評価するDCF法（インカムアプローチ）などがある。

＊ 3つの方法のうち、理論上もっともいい方法はDCF法とされているが、予測の難しさもあるため、PERなどの類似会社比較法を併用することが一般的である。

＊ 株価や時価総額が高くなると、増資がしやすい、株式交換で他社を買収しやすくなる、逆に他社からは買収されにくくなる、といったメリットがあるが、加えて、投資家から企業の収益力や将来性が評価されているという意味もある。

＊ 企業価値・株主価値を高めるためには、営業利益の早めの確保、節税策の活用、投資効率の向上、売掛金や在庫の圧縮、適度な借金の活用、遊休資産の活用などがポイントになる。

＊ M＆Aにおいて買収金額を評価する際には、DCF法では割引率と予測成長率、類似会社比較法では、類似会社の選択の方針に注意することが重要である。

第3章

資金調達のポイント〜増資、借入、社債発行の意思決定

この章のポイント

ここでは、コストと財務的なリスクのバランスがポイントとなる、借りた資金と株主からの資金との最適な構成比率である「最適資本構成」について学んでいきます。伝統的な考え方をはじめ、MM理論とトレードオフ理論、ペッキングオーダー理論を取り上げます。

エグゼクティブへの道㉛

矢吹は、ホールディング会社の財務担当副社長が、先日の全社の幹部会議で、「これまでの無借金経営の方針を変更し、M&Aや海外投資のためにある程度まで借入金や社債を使っていく」とコメントしていたのが気になっていた。

優良企業といわれる会社の多くは無借金経営というイメージがあり、当社グループがこれまで無借金経営を貫いてきたことに個人的に密かな誇りも感じていたので、違和感を持ったのだ。

確かに今後の成長のためにはM&Aや海外への投資は不可欠で、そのために資金が必要なことは分かる。

しかし、無借金経営を諦めてまで借入金や社債で資金を集める必要があるのだろうか？　無借金経営を守り、必要であれば借金ではなく増資をするというやり方もあるのではないか？

いろいろな疑問が湧いてくる中で、矢吹は資金調達の方法、また無借金経営と借入金や社債を使う経営の意味と目的、そしてどちらを目指すのが理想なのかについて調べ始めた。

①資金調達のコストと財務的なリスク

企業が資金を集める代表的な方法には、借入金や社債などによって外部から借りる方法と、株式を発行したり利益を配当せずに内部留保として積み上げることで、株主から出してもらう方法の2つがあります。

この2つのどちらを優先し、どのように組み合わせるのがいいのでしょうか？

これについて、あらゆる企業に共通する唯一の正解というものはありません。ただ、外部から借りるか、株主から資金を出してもらうかの選択をするときに、まず考えるべきポイントが2つあります。それがコストと財務的なリスクです。

まずコストから考えてみましょう。第2章の2でも見てきたように、借入金や社債のコストは金利です。

ただし金利を支払うと、それによって利益が減り税金が安くなるという節税効果があります。したがって、実際のコストは金利から節税効果を差し引いたものになります。結果として、この節税効果まで考えると借りた資金のコストはかなり低くなります。

一方で、株主から集めた資金のコストは高いと考えられています。これは以下のような理由によります。まず、株主の立場から考えると、株式投資の儲けである配当や株価の上昇はその企業の業績にかなり左右されるので、通常は不確実、つまりリスクがあります。また、もし会社が破綻した場合にも、株主は、借入金や社債などによる資金をすべて支払った後に残ったいろいろな資産（財産）からしか資金を回収することはできません。この面でも、株式投資はかなり不確実であり、すなわちリスクがあることになります。

こうした不確実性を伴う株式投資を行っている株主は、そのリスクに見合うだけの儲け、つまり、相応の配当と株価の上昇を期待していると考えられます。

その株主の期待に応えていくためには、企業は、株主の儲けである配当や株価の上昇のベースとなる十分な当期純利益をあげる必要が出てきます。

さらに、もし十分な当期純利益をあげられなければ、配当や株価の上昇といった株主の儲けも少なくなり、結果として株主は株を売ったり、新しく株を買う人も減ってしまうという事態になります。そうすると株価が大きく下落してしまう可能性もでてきます。

したがって、株主に継続して株式を持ってもらい、また新たな株主にも株式を買ってもらうことで株価や時価総額を維持し高めていくためには、十分な当期純利益をあげることが必要になります。

こう考えると、株主から資金を集める場合は彼らの期待に見合った利益をあげなければいけないという意味で、コストはかなり高いことになります。

すなわちコストだけを見ると、借入金や社債といった借りた資金のコストは低く、株主からの資金のコストは高いことになります。

次に財務的なリスクはどうでしょうか。

まず借入金や社債といった借りた資金は、通常は必ず返済しなければならず、返済しないと会社の破たんなどにつながってしまうため、企業から見ると危ない資金、つまり財務的にリスクのある資金です。

一方で株主からの資金は、ふつう返済する必要はなく、株主に返さなくても破綻すること

図表3-1　借入金・社債と株式の違い
コストとリスクをベースにして

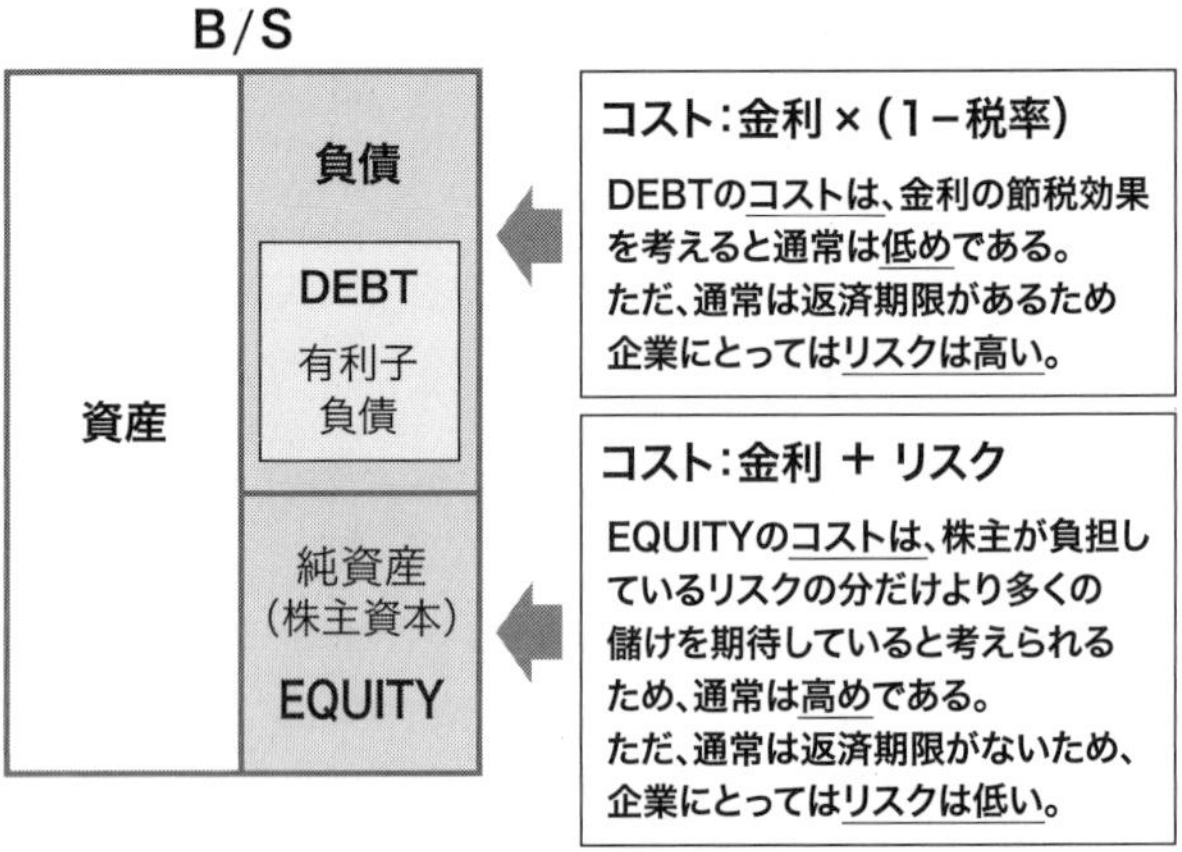
B/S
資産
負債
DEBT
有利子負債
純資産
（株主資本）
EQUITY
コスト：金利×（1－税率）
DEBTのコストは、金利の節税効果を考えると通常は低めである。
ただ、通常は返済期限があるため企業にとってはリスクは高い。
コスト：金利 ＋ リスク
EQUITYのコストは、株主が負担しているリスクの分だけより多くの儲けを期待していると考えられるため、通常は高めである。
ただ、通常は返済期限がないため、企業にとってはリスクは低い。

はありません。したがって株主からの資金は、企業から見ると安全な資金、つまり財務的にリスクのない資金になります。

以上をまとめると、借入金や社債は安いけれども危ない資金であり、株主からの資金はそれに比較すると高いけれども安全な資金ということになります。したがって、コストと財務的なリスクのバランスを考えながら、資金を集めていくことが重要なのです。

②資金調達の基本的な考え方と最適資本構成

これまで見てきたように、借入金や社債による資金は、コストは低いものの財務的なリスクが高い資金、株主からの資金は、コストは高いものの財務的なリスクが低い資金です。

したがって、それぞれメリットとデメリットがある借りた資金と株主からの資金を、上手にバランスよく使っていくことが企業にとっては重要になります。

この最適なバランスを考慮した借りた資金と株主からの資金の組み合わせ、比率のことを、最適な資金調達の構成比率という意味で「最適資本構成」と呼んでいます。

この最適資本構成に関係する3つの理論について確認しておきましょう。

(1)伝統的な考え方：ＷＡＣＣが最も低くなる借りた資金と株主からの資金の構成比率

ＷＡＣＣは高い場合と低い場合の、どちらが望ましいのでしょうか。多くの企業がＷＡＣＣをもとに投資プロジェクトの評価基準を決めていることを考えれば、ＷＡＣＣは低い方がいいといえます。その理由は2つあります。

1つ目は、ＷＡＣＣが低くなって評価基準が低くなることによって、その分、投資プロジェクトの儲けが基準をより高く上回ることになり、その投資プロジェクトの評価が高まるからです。

そして2つ目は、基準が低くなることによって、今までは採用できなかったやや投資効率の低い投資プロジェクトも実行できるようになるため、ビジネスチャンスが広がることです。

このように企業の立場で考えると、ＷＡＣＣは低い方がいいことになります。

それでは、ＷＡＣＣは低くすることができるのでしょうか。結論から言うと、可能性はあります。

第２章の２でも見てきましたが、ＷＡＣＣのレベルは、①金利、②リスク、③借入金・社債と株主からの資金の構成比率の３つで決まります。

このうち、金利は国債の金利のことであり、各企業が変えられるようなものではありません。次にリスクも、事業を安定させたり競争優位を高めることである程度下がる可能性はありますが、会社がコントロールするのはなかなか難しいと考えられます。

しかし、借入金や社債と株主からの資金の構成比率は、借入金や社債を増やしたり返済することで、また増資や配当あるいは自社株買いをすることによって、変えることができます。

ということは、前述のように、株主からの資金よりもコストが低い借入金や社債の構成比率を高めていくと、ＷＡＣＣを低くすることができるのです。

それでは、コストの低い借入金や社債の構成比率をどんどん高めていった方が良いのでしょうか。

実はそうともいえません。まず借入金や社債の比率が高くなると、その返済が難しくなるのではないかと見られて、一般に借入金や社債の金利が上昇していきます。

さらに、借入金や社債の比率が高くなると、その返済が難しくなり破綻する可能性が上がるのではないかという意味で株主にとってのリスクが高くなり、株主が期待する儲けの水準も高くなっていきます。

つまり借入金や社債の増加にともなって、借りた資金のコストと株主からの資金のコストは両方とも上昇していくのです。

したがって、借入金や社債の構成比率が高くなると、あるレベルまではWACCは低下していきますが、そこを超えると、かえってWACCは上昇してしまう可能性が出てくるのです。

その結果、WACCが最も低くなるような借入金や社債と株主からの資金の構成比率ができます。この構成比率になるように、あるレベルまで社債や借入金を使っていこうというのがこの伝統的な考え方なのです。

(2)節税効果と財務のリスクのバランス：MM理論とトレードオフ理論

現時点での代表的な最適資本構成についての考え方がこれです。この考え方のベースはMM（モジリアニ・ミラー）理論で、その延長で出てくるトレードオフ理論が中心的な考え方になります。

まずMM理論の出発点は、税金を払う必要がない場合を前提にすると「企業の価値はその資本構成、つまり借りた資金と株主からの資金の比率が変化しても変わらない」というものです。

この場合の企業の価値とは、簡単にいうと企業が行っている事業の価値とほぼ同じものを意味しています。

要するにこの考え方では、借りた資金、株主からの資金のどちらで調達しても事業そのものは変わらないので、事業の価値、つまり企業の価値は資金調達のやり方とは関係がない、ということを言っているのです。

また、その延長で次のような考え方も提示しています。

株主の儲けは、事業の儲けが金利よりも高い場合には、借りた資金の株主からの資金に対する割合に比例して増加するが、逆に借りた資金の株主からの資金に対する割合が増加すると、財務面でのリスクが増加していく。結果として、株主の儲けの増加分と財務面でのリスクの増加分の２つが相殺《そうさい》されてしまい、メリットはなくなってしまう。つまり、税金を支払う必要がない場合は、借りた資金を増やしても株主にとってはメリットはない、という考え方です。

しかし、この考え方はあくまでも税金がないことを前提としているので、現実的ではありません。したがって、税金があるという実際の状況を前提としてＭＭ理論を修正した考え方が以下になります。

すなわち、借りた資金を増やすと、金利を支払うことによって節税効果が生み出されるので、政府や地方公共団体に対する支払いが減少する。その結果、事業の儲けのうち、株主と債権者という資金提供者に分配されるキャッシュフローの合計が増えるという意味で、彼らの立場から考えた企業の価値は上昇する、というものです。

ただし、借りた資金を増加させるとこうした節税効果のメリットが得られる一方で、破綻する可能性が徐々に高まってくるというデメリットもあります。

そこで、その２つのバランスがとれるような借りた資金と株主からの資金との構成比率が最適資本構成である、という考え方がでてきました。これがトレードオフ理論です。

この理論では、借りた資金の比率を高めていくことによる、金利の節税効果の現在価値としての増加分と、破綻する可能性が高まり財務的に困難な状況に陥ってしまうコストの現在価値としての増加分とがちょうど相殺されるところが、資本構成の最適点である、とされています。

つまり、借りた資金の比率が高くなると、金利による節税効果というメリットと、逆に財務的なリスクが高くなることによるデメリットのトレードオフが発生し、そのバランスをとることが重要である、といっているのです。

またこの理論によると、事業が安定しており、いざというときに売却できるような有形の資産が多く、さらに節税できるだけの十分な利益を生み出している鉄道会社などでは、金利の節税効果が得られやすく、財務的に危険な状況に陥る可能性が低いので、借りた資金を多くすることが望ましいことになります。

一方で事業が不安定で、人材など売却が難しいような無形の資産が多く、さらに利益水準が低くて節税も難しい立ち上げ期のＩＴ業界の企業などでは、金利の節税効果を得にくく、財務的に危険な状況に陥る可能性も高いので、借りた資金を少なくすることが望ましいことになります。

なお、ここでいう事業の安定度は、事業の性質や市場の状況、さらに競合企業の中での地位などによって決まってくる「事業のリスク」と関係があります。

一般に景気や顧客の好みの変化によって大きく需要が変化する半導体やゲーム業界、あるいは競合企業の数が多いなど市場において競争が激しい場合、さらに競合企業と比べて競争力が低い場合には「事業のリスク」は高くなります。

このように考えると、事業のリスクが高い企業は借りた資金である借入金や社債を減らし、一方で事業のリスクが低い企業は、借入金や社債をある程度まで増やしていくことが望ましいことになります。

逆に、事業のリスクが高いにもかかわらず借入金や社債の金額が大きい企業は危険性が高く、また事業のリスクが低いにもかかわらず借入金や社債の金額が小さい企業は、安全を重視しすぎている、ということができます。

⑶ペッキングオーダー理論：収益力によって借りた資金の構成比率が違う

ペッキングオーダー理論（序列理論）は、経営者はそれぞれの資金調達源をどのような順序で使っていくかについて一定の考えを持っており、その結果として企業の収益力によって資金調達の構成比率が異なっている、という考え方です。

この考え方では、企業の経営者は、借入金・社債を増やすことによって財務的なリスクが高まらないように、また増資によって財務的な不安があるために安全度を高めようとしていると思われないように、まずは内部資金を優先して投資に活用していくことになります。

さらに増資と借入金・社債とでは、財務的な不安があることを疑われないことをより重視して、増資よりも借入金・社債による調達を優先するとしています。

つまり経営者は、事業投資のための資金を、①内部資金、②借入金・社債、③増資、という順序で調達すると考えているのです。

その結果、同じ業界でもリーディングカンパニーで収益力の高い企業は、内部資金が豊富で投資に十分回せるために無借金経営になっている傾向が強く、逆に収益力の低い企業では、内部資金が十分でないために借入金や社債が多くなる傾向が強い、と説明しています。

③ 最適資本構成のまとめと実務での状況

これまで説明してきた最適資本構成の理論からは、借入金や社債を活用するとWACCの低下や節税効果というメリットが得られる一方、財務的なリスクが高くなるというデメリットも出てくるため、その2つをうまくバランスさせ、適度に借入金や社債を活用することが望ましいという結論になります。

また資本構成は、事業の安定度や資産の売却しやすさ、あるいは事業の種類、同じ事業分野の企業であっても収益力の差によって異なってくることになります。

なお、借入金や社債による資金調達は、株主からの資金調達と比べると金利を定期的に支払い、期限が来ると元本を返済しなければならないといった面で、企業にとっては比較的リスクの高い手段です。

そのため、借入金や社債がそれなりにあると、経営者がより厳しく資金の使い方を考えるようになるという効果も考えられます。

ところで、最適資本構成を求める場合には、同じ業界の企業の中で、リーディングカンパニーや業績的に安定している企業の資本構成を参考にしたり、一定の安全度を確保するために自社の格付けの目標値（例えばシングルAなど）を設定して、それを達成するためにはどの程度まで借入金や社債を増やせるのかという視点から考えることも1つの方法です。

ワンポイント：増資をする企業と優良会社の資金調達の方法

株式を発行して投資家から資金を集める増資は、一般に立ち上げ期や成長期の企業、あるいは財務的にかなり危険な状況にある企業が行うものです。

まず立ち上げ期や成長期にある企業は、成長するために設備投資や販売促進、あるいは研究開発といった先行投資が必要になります。ただ、そのような企業は財務的な安定性が高くないことが多く、また先行投資も成果を生み出すかどうかは分かりません。

したがって、そのための資金は、通常返済する必要がない資金である株主からの増資として集めていくのです。

また、財務的に危険な状況にある企業も、純資産を増やし財務的な安全度を高くするために、増資を行うことが多くなっています。

一方で安定期にある企業は、通常増資は行いません。

それは、順調であれば事業から十分なキャッシュフローが生み出せるはずであり、それをもとに必要な投資はできることが多いからです。またそれ以上に資金が必要な場合にも、前述のように節税を考えると安いカネである社債や借入金を活用することが多くなります。

さらに、安定期の企業が増資を行うと、将来に対して何らかの不安があって財務を強化し

図表3-2　企業の成長ステージと資金調達・株主還元

	立ち上げ期	成長期	安定期	経営危機時
株式の発行	○	○	—	○
借入金・社債	—	△ ＊政府系金融機関などから ＊事業の安定性を見ながら	○	△ ＊基本的には返済すべきであるが、支援を受けての活用はある
配当 自社株買い	—	—	○	—

○：活用可能　△：状況次第で活用可能　—：不要ないし望ましくない

ようとしているのではないか、と外部の投資家から勘ぐられる可能性もあります。そのため、安定期の企業は増資をほとんど行わないのです。

したがって、順調な優良企業は、立ち上げ段階と成長段階で増資を行い、安定期に入って以降は増資することはなく、逆に株主に対して配当と自社株買いで事業からの儲けを還元、つまり分配していくだけになります。

また、一時的に資金が必要な場合にも、社債や借入金によって資金を集め、その後それを返済し、また必要なときは借入金や社債で借入を行う、という場合が多いのです。

結果として順調な大手企業の増資は、あまり例がありません。したがって、成長期とは考えられない大手企業が増資をするような場合は、大きな投資を行うために資金が必要だというケースもありますが、通常は財務的に危険な状態にあるか、将来に不安を持っている可能性が高いといえます。

このように、増資をしている企業については、その理由を確認することが必要です。また逆に増資をする場合は、その理由をしっかりと説明できるようにしておくことが重要です。

エグゼクティブへの道㉜

矢吹は、最適資本構成、つまり借入金・社債などの借りた資金と株主からの資金の最適な組み合わせについて学ぶ中で、無借金経営のメリットと課題が分かってきた。

具体的には、無借金経営は財務的な安全性の面では最高だが、コスト、つまり資金を提供している側から期待される儲けのレベルが高くなってしまうという課題があることが理解できた。

また、事業が安定していて儲けが多い場合、たとえばあまり景気に左右されず安定性が高い食品メーカーで儲けがある程度出ているのであれば、借入金や社債を活用する余地があることも分かった。

矢吹は、財務担当副社長の幹部会議でのコメントに納得すると同時に、今後グループとして借入金や社債を使ったＭ＆Ａなど、かなり大きな攻めの施策が出てきそうだと少々不安を感じながらも、大きなチャンスの到来を感じ始めた。

この章のまとめ

＊株主からの資金はコストが高く安全な資金であるのに対し、借り入れた資金はコストは低いが危ない資金である。この2つの資金の最適な構成比率のことを最適資本構成と呼ぶ。

＊最適資本構成に関連する代表的な考え方は3つある。

・1つ目は、WACCがもっとも低くなるような構成比率を基本とする伝統的な考え方。

・2つ目は、借入金の金利を支払うことによる節税効果というメリットと財務的な危険性の増加というデメリットのバランスを取っていくMM理論・トレードオフ理論。この理論は、安定していて収益性が高く節税が可能な企業は借りた資金が多く、不安定で収益性が低く節税がしにくい企業は借りた資金が少ない、という考え方につながる。

・3つ目は、企業は資金が必要なときは、手元の資金、借入、増資の順番で資金を使っていくと考えるペッキングオーダー理論。この理論は、収益性が低く手元資金が不十分な企業は借入金が多く、収益性が高く手元資金が十分な企業は借入金が少ない、という考え方につながる。その結果、優良企業は、手元資金がなく事業が不安定な立ち上げ期や成長期には増資をすることもあるが、安定期に入ると手元資金がたまってくるためまずはそれを使い、もし不足する場合にも借入を優先するため、増資はあまりしないということになる。

第4章

株主還元のポイント～配当と自社株買いの意思決定

この章のポイント

ここでは、株主への儲けの配分である配当と自社株買いについて学んでいきます。配当性向などの配当の基準についての考え方、成長ステージや事業の安定度による配当水準の違い、また配当や自社株買いと株価との関係を取り上げます。

エグゼクティブへの道㉝

矢吹は、今年のホールディング会社の株主総会に株主として初めて出席した。グループ会社の役員として、ホールディングの株主総会の様子を見ておきたかったのだ。今年の株主総会では、株主から10件を超える質問があったが、その中で比較的多かったのが配当についての質問だった。

質問した株主は、今期は好調な業績をベースに増配するという議案に対してはいずれも賛成であったが、「今後も配当を重視し、増配をしてほしい」「現在の連結配当性向30%を維持するという目標は今後も継続するのか」「自社株買いは行わないのか」など、いくつか追加の意見や質問がでていた。

確かに、株主からするとキャッシュが受け取れる配当が増えるのは好ましいと思う。

ただ、質問にもあった連結配当性向はどの程度が適切なのであろうか。また、自社株買いの意味や目的、また配当との違いは何だろうか。
質問を聞きながらいくつかの疑問が出てきたので、それらについて調べようと、矢吹はインターネットで検索を始めた。

①配当の意味と基準

配当は、企業が儲けを株主に分配する手段の１つです。基本的に同じ種類の株主には株数に応じて平等に儲けを分配していきます。配当は、どの程度しなければいけないというルールはありませんが、一部の企業は利益の一定割合を配当するといった基準を設定しています。その基準の中では、グループ全体の最終利益である連結純利益の一定割合を配当するという「連結配当性向」が比較的多く採用されています。

連結配当性向　＝　配当金額　÷　連結当期純利益

例えば、平成25年3月期の時点では、本田技研工業は連結配当性向について「最低20%、また40%を超えるまでは減配しない」という方針を設定しています。また三菱商事は、連結配当性向について「20%から25%」という基準を設定しています。

連結配当性向は、海外の企業でも日本の企業でも、30〜40%程度が平均的な水準です。とはいえ、そのレベルは業種や成長ステージによって違いがあります。

一般に食品業界や鉄道業界など事業の安定性が高い業界の企業では、当期純利益が安定して稼げるため、それをもとに配当性向がやや高めになります。

逆にIT業界や半導体関連の企業など事業の変化が激しい業界の企業では、当期純利益がやや不安定となるため、配当性向は低めになるという傾向があります。

一方で成長ステージによる違いについては、成長期の企業では、事業投資のチャンスが数多くあるため、投資を優先し無配当としているケースが多くなっています。

特に、米国のナスダックに株式を公開している企業の多くは成長期にある企業といわれていますが、その多くは無配当です。

例えばナスダックに株式公開しており、順調に成長しているグーグルとアマゾンは、2013年9月時点で無配当を継続しています。

反対に成長期が終了し安定期に入ってくると、多くの企業が配当を始めます。しかし、業績不振に陥るとまた無配当に戻ります。

結果として配当を実施するのは安定期に入った業績順調な企業であり、逆に成長期の企業と業績不振な企業が無配当になっている、というのが一般的です。

なお、株主への儲けの還元の基準として、連結当期純利益に対する株主への分配の合計金額、つまり配当と自社株買いの合計金額の比率を採用する企業もあります。

この比率のことを「連結総還元性向」と呼んでいますが、これは30～40％程度となる場合が多いようです。例えばＪＲ東日本は、２０１３年３月期から連結総還元性向33％を目標として設定しています。

連結総還元性向　＝（配当金額　＋　自社株買いの金額）÷　連結当期純利益

また、配当の自己資本（純資産）に対する比率を株主への儲けの還元基準とする例もあります。これは自己資本配当率（ＤＯＥ：Dividend on Equity）と呼ばれていますが、この比率は欧米の平均が５～７％程度であるのに対して、日本の平均は２～３％程度となっています。

自己資本配当率　＝　配当金額　÷　自己資本（純資産）

②配当と株価の関係

配当は株価とどのような関係があるのでしょうか。そもそも配当は、企業の最終的な儲けであり、株主の取り分でもある当期純利益をベースに支払われるものです。

したがって、株主は配当を受け取っても、企業に預けてある自分の取り分を受け取っただけであり、特に得をしたわけでも損をしたわけでもありません。

実際に、例えば3月決算の上場公開企業の株価は、3月末頃の配当を受け取れる株主を決めた日の翌日に、ほぼ配当の金額分だけ低下します。

つまり理屈上は、配当をしてもその分だけ株価が低下するだけで、2つを合計すると株主から見れば特に変化はないことになります。それでも実際は増配をすると株価は上昇し、減配をすると株価が下落するという傾向があります。

これには、次のような理由が背景にあると考えられています。

過去の調査によると、経営者は配当の水準そのものよりも、その水準を変更することに関心が高く、可能な限り現在の配当のレベルを維持したいと考えている、という結果が出ています。

これを前提にすると、企業が増配をした場合は、本来配当のレベルを維持したいと考えている経営者が配当を増やすわけですから、増配した後もそれを維持していきたいと考えている、と投資家から受け取られることになります。

つまり、経営者は今後も増配後に高いレベルの配当を維持する自信がないと増配しないはずであり、増配は経営者の将来の業績に対する自信の表れと投資家は受け取ります。

一方で、減配は、本来は配当のレベルを維持したいと考えている経営者が配当を減らすわけですから、経営者が将来の業績に対して自信を失っている表れと投資家は受け取ります。

したがって、増配は将来業績に対する経営者の自信の表れ、減配は自信を失ったことの表れと投資家に受け取られる結果、増配すると株価が上昇し、減配すると株価は下落する、ということにつながるのです。

これ以外にも、例えば増配することで企業が保有するキャッシュが減り、経営者が無駄遣いをしなくなり、企業の投資効率がよくなるため株価の上昇につながるといった見方もあります。けれども、増配、減配といった配当の変化に経営者の将来への見通しが表れ、これをもとに投資家が株式の売買をするので株価が変化する、というのが一般的な考え方です。

したがって、例えば自然災害や事業の整理などによって一時的に大きく当期純利益が低下した場合でも配当を維持する企業は、この業績悪化はあくまでも一時的ですぐに元に戻ると考えており、それを投資家に伝えるために配当を維持している、と解釈することができます。

配当と株価の関係

増配 → 将来の業績に対する経営者の自信の表れ → 株価上昇

減配 → 将来の業績に対して経営者が自信を失ったことの表れ → 株価下落

③ 自社株買いの意味

自社株買いは、企業が株主から自社の株を買い戻して株主にキャッシュを支払うものです。

配当と同じく、企業が儲けを株主に分配する手段の1つですが、配当が基本的に同じ種類の株主には平等に儲けを分配するものであるのに対して、自社株買いは株式を売った株主だけにしかキャッシュが分配されません。

また、配当では基本的に毎年継続して同じような金額を分配していきますが、自社株買いは、企業が資金的な余裕があるときに株価の水準などを見ながら株主総会で枠を決めて実行するものなので、やりたい時にできるという機動性があります。

自社株買いは、通常社内で、自社の実力の株価を表す理論株価をＤＣＦ法や類似会社比較法などで計算しておき、株価がその理論株価よりも安くなった時にだけ行います。これは、理論株価よりも株価が高い時に自社株買いをすると、企業が損をしてしまうからです。

なお、理論株価よりも株価が低い時に自社株買いをすると、企業が得をします。ただ実際に得をしているのは、企業というよりも、企業が自社株買いを行った時に株を売却せずに、株主として残っている株主です。

つまり、理論株価よりも低い金額で自社株買いを行うと、結果的に企業がその差額だけ儲けを生み出せたことになり、この儲けが株を売らずに残っている株主に計算上少しずつ分配されています。

したがって、理論株価よりも低い株価で自社株買いが行われると、残っている株主がメリットを受けるのです。

次に、自社株買いは株価とどのような関係があるのでしょうか。結論からいうと、一般に自社株買いをすると株価が上昇するといわれています。その理由としては、4点が挙げられます。

まず1つ目は、自社株買いを行うと、企業自らが株を買うことによって株価に買い圧力がかかり上昇する可能性が高くなるという点です。

2つ目は、自社株買いによって1株当たりの利益が上昇する可能性が高くなり、株価が上がる可能性がでてくる、という点です。

具体的には、自社株買いをすると流通している株数は減少する一方で、預金を使って自社株買いを行っても預金の金利である受取利息はそれほど多くはないため、利益はあまり減少せず、結果として1株当たりの利益が上昇する可能性が高くなるのです。

3つ目は、自社株買いによってROEが上昇する可能性が高くなるという点です。これは自社株買いをすると、会計ルール上は減資、あるいは剰余金の払い戻しと同じように考えて、自己資本から自社株買いの金額が差し引かれ、その結果ROEの分母である自己資本が減少します。

図表４-１　一般に自社株買いが株価の上昇につながる理由

買い圧力

自社株買いで株式を購入すると、買い圧力がかかり、株価が上昇する可能性がある。

１株当たりの利益が上昇する可能性

自社株買いによって流通株式数が減少するので、１株当たりの利益が上昇する可能性が高い。

ROEが上昇する可能性

自社株買いによってROEの分母である自己資本が減少するので、ROEが上昇する可能性が高い。

アナウンスメント効果

自社株買いは、原則として株価が理論株価よりも低いときに実施する。したがって、自社株買いは株価が理論値よりも低いと企業自身が判断していることを意味していると考えられ、市場に対するアナウンスメント効果を生み出す。

一方で自社株買いを預金で行っても受取利息の減少はそれほど大きくないため、分子の当期純利益はあまり減りません。その結果としてＲＯＥが上昇する可能性が高くなるのです。

最後は、前述のように自社株買いは株価が理論株価よりも低い場合に行うので、自社株買いを行うこと自体が、企業が自社の現在の株価が理論株価よりも低いということを投資家に伝えていることになる、というアナウンスメント効果です。

これらのことから、自社株買いを行うと株価が上昇すると考えられています。

ワンポイント：配当や自社株買いの上限

配当と自社株買いには、上限があります。

まず配当は儲けの分配なので、日本では基本的に過去から積み上げてきた儲けを意味する利益剰余金の範囲内でしか行うことができません。

赤字でも配当することは可能ですが、あくまでも利益剰余金の金額の範囲でということがポイントです。また、自社株買いも、資本剰余金と利益剰余金の範囲内でしか行うことができません。

このように、配当と自社株買いには上限があります。

また、有価証券や土地などの含み損が大きい企業の場合は、数字上は利益剰余金があっても実際には利益剰余金がない状態となっている場合もあり、このような時に配当や自社株買いを行ってしまうと、会社法違反になる可能性もあるので注意が必要です。

なお、細かいルールは会社法で確認してください。

エグゼクティブへの道㉞

矢吹は、配当や自社株買いといった株主への還元について学ぶ中で、株主総会へ出席した時の疑問が氷解してきた。

具体的には、連結配当性向は企業によっても違うが一般的にはグループ全体の連結ベースで30％から40％程度が多いこと。また、それ以外にも連結総還元性向や自己資本配当率といった基準も採用する企業があること。さらに、自社株買いは株主への儲けの還元という意味では配当と似ているが、より株価を刺激することを意識したものであり、金額を変更すると株価に影響しやすい配当と違ってやりたい時にできるという意味で機動性が高い、といった点である。

矢吹自身は子会社の役員であり、株主はホールディング会社であるため、株主還元はホールディングの方針にしたがうのみで、直接どうすべきかを考える立場にはない。しかし、上場公開企業であるホールディングは、株主総会での質問が多かったことから考えても、株主への還元の方針はしっかりと考える必要がある。

グループの1社として当社も株主還元について意識し、そのベースとなる儲けを生み出さなければいけないと改めて感じた。

この章のまとめ

＊　配当は、企業が儲けを株主に分配するための手段であり、各企業は連結配当性向、連結総還元性向、自己資本配当率などを配当の目安としている。

＊　配当は安定成熟期にあったり事業が安定していると多めに、一方で成長期にあったり事業が不安定だと少なめになる傾向がある。

＊　配当のレベルの変更には、経営者の将来への見通しが表れていると考えられている。したがって一般に、増配は将来への自信の表れと評価されて株価の上昇につながり、減配は将来に対する悲観的な見方の表れと評価されて株価の下落につながる傾向がある。

＊　自社株買いも配当と同じく、儲けを株主に分配する手段の１つである。

＊　自社株買いを行うと一般に株価が上昇することが多いが、その理由としては、買い圧力の増加、１株当たりの利益が上昇する可能性、ＲＯＥが上昇する可能性、株価が理論株価よりも低いというアナウンスメント効果の４つが考えられている。

おわりに

ここまでお読みいただきまして、本当にお疲れ様でした。

本書では、経営幹部あるいはその候補生の方々が理解しておくべきアカウンティングとファイナンスのポイントについて解説いたしました。

具体的には、第1章の「決算書はここだけ見れば大丈夫～財務3表キモのキモ」では、決算書や月次報告を見る際のポイントを、第2章の「事業投資とM&Aのポイント～適切な投資の意思決定」では、投資プロジェクトやM&Aの場合の評価のポイントを学びました。

さらに、第3章の「資金調達のポイント～増資、借入、社債発行の意思決定」では資金調達に関するポイント、第4章の「株主還元のポイント～配当と自社株買いの意思決定」では株主への配当と自社株買いのポイントを学びました。

この4つのポイントをざっくりと理解していただければ、経営幹部として数字に関係する日々の意思決定で、困ることはないと思います。

以前、ある欧米の有名な消費財メーカーの日本法人幹部と話をしたことがあります。彼は、「我々は外部からはマーケティングの会社のように見られていますが、実は財務の会社でもあります」と言っていました。

当時の会話を改めて振り返ると、彼の真意は、消費財メーカーとして当然ながらマーケティングや戦略を十分に考えて経営しているが、同時に売上高の成長率や利益率などによる目標管理、ＩＲＲ法やＮＰＶ法などによる投資効率の評価というように、アカウンティングやファイナンスのことも十分に考えている、ということだったのではないかと思います。

また、私がこれまで担当したいろいろな企業でのアカウンティングやファイナンスの研修でも、欧米の優良といわれる企業の日本法人の経営幹部、またその候補生は、ほぼ例外なくアカウンティングやファイナンスをはじめとした数字の基礎は十分に理解していました。

それに対して、日本企業の経営幹部やその候補生は、欧米企業に比較するとややバラつきがある、という印象です。

もちろん経営トップや管理担当の幹部は、ＩＲや日々の仕事を通じて、アカウンティングやファイナンスの基礎を身につけているケースが圧倒的に多いのですが、それ以外の分野を担当してきた幹部あるいは候補生の方々は、過去の経験や学習機会の有無によって数字についての理解レベルにやや差があるように思います。

しかし、社内の経営会議などでの議論をより質の高いものにしていくためには、アカウンティングやファイナンスの基礎を参加者の全員が押さえておくことは必須であり、そのためのポイントは本書で身につけられたと思います。

このところ、比較的多くの日本企業が財務目標を明確に掲げるようになってきています。例えば、第1章で取り上げたＲＯＥやＲＯＡ、売上高営業利益率、売上高目標などが代表的なものですが、中には資本コスト、つまりＷＡＣＣをもとに計算した、資金提供者から期待されている儲けと、事業からの儲けであるＮＯＰＡＴとを比較するＥＶＡ（Economic Value Added：経済付加価値）を採用している企業もあります。

このように様々な財務目標が使われていますが、上場公開企業の数字における究極の目標は、株主からの評価である時価総額の上昇と、安全面での評価である一定の格付けの維持、に集約されると考えられます。

そのうち時価総額の上昇、つまり企業価値・株主価値の増大は、マッキンゼーの米国チームによる有名な著書『企業価値評価』の中では、ＲＯＩＣ（Return On Invested Capital：

投下資本利益率）を一定の水準、すなわちＷＡＣＣ以上のレベルまで高めることと、成長性を高めることの2つに集約される、と説明されています。

前者のＲＯＩＣは、一般に事業からの儲けであるＮＯＰＡＴを資金提供者が投下した資金であるＤＥＢＴ＋ＥＱＵＩＴＹで割って計算しますが、内容的には、資金提供者が投下した資金に対する儲けの率を計算したものです。

さらに資金提供者が投下した資金は、実際には事業を行うための資産に投入されていることを考えると、ＲＯＩＣはほぼＲＯＡとリンクするものであり、事業の質を、資金を出した側の立場で計算し、評価したものになります。

一方で、ある程度の格付けを維持し、一定水準の財務的安全度を確保するためには、本書の1章で学んだ、一定の純資産比率などを維持することが必要です。

つまり、事業の質を高め、成長し、一定の安全性を確保することが求められているのです。

言い換えると、第1章の5で学んだように、財務諸表の組み合わせとしては、適度なＢＳをベースに大きなＰＬとＣＦという組み合わせを目指すことでもあります。

ただこれを達成するためには、アカウンティングやファイナンスの基礎をきちんと押さえ、それぞれの数値目標を意識した経営を行うことが必要なのです。

２０２０年の東京オリンピック開催が決まり、日本企業の業績回復の傾向とともに日本経済復活への道筋が少しずつ見えてきた感じがします。技術力や現場力、また従業員の平均的な能力やモチベーションの高さから考えると、日本企業はまだまだ改善余地、伸びる余地があると思います。

日本経済、日本企業が２０２０年を通過点として、その後も持続的な発展をしていくためのキーワードの１つは、数字を意識する、数字にも強くなるということではないでしょうか。アカウンティングの知識をもとに財務諸表をきちんと読んで現状を把握し、ファイナンスの視点からフリーキャッシュフロー＆資本コストをベースに事業投資の採算を十分に検討し、バランスの良い資金調達と適切な株主還元のスタンスを意識して、しっかりとした企業経営を行っていただければと思います。

また本書は、前書きで述べたように、アカウンティングやファイナンスのバックグラウンドを持たない経営幹部やその候補者が、関係の深いこの２つの分野を同時に、かつ実践的に学んでいただくことを目的に執筆しました。

その目的がどの程度達せられたのかは、読者の皆様のご評価によりますが、筆者としては、可能な範囲で努力したつもりです。本書が、一人でも多くの日本企業の経営幹部や候補生、さらには問題意識のあるビジネスパーソンの数字力強化の一助となれば、著者としてこれ以上の喜びはありません。

本書の執筆にあたっては、光文社の古川遊也氏に企画の段階から編集や校正に至るまで、適切なアドバイスを数多くいただきました。何とか出版にまでたどり着くことができたのも、古川氏の温かく多面的なご支援の賜物だと考えております。この場をお借りして深く感謝申し上げます。

今後、数字に強い経営幹部やビジネスパーソンが一人でも増え、世界的なレベルで素晴らしいと評価される日本企業が1社でも多く出てくることを心から祈念して、ペンをおきます。

西山　茂

2014年2月

西山茂（にしやましげる）

早稲田大学ビジネススクール（MBAプログラム）教授。1984年、早稲田大学政治経済学部卒業。'90年、米国ペンシルベニア大学ウォートンスクール経営学修士課程（MBA）修了。監査法人トーマツ、㈱西山アソシエイツにて会計監査・企業買収支援・株式公開支援・企業研修などの業務を担当したのち、2002年より早稲田大学。'06年より現職。学術博士（早稲田大学）。公認会計士。主な著書に『入門ビジネス・ファイナンス』『企業分析シナリオ第2版』（以上、東洋経済新報社）、『戦略管理会計改訂2版』（ダイヤモンド社）、『英文会計の基礎知識』（ジャパンタイムズ）などがある。

出世《しゅっせ》したけりゃ　会計《かいけい》・財務《ざいむ》は一緒《いっしょ》に学《まな》べ！

2014年2月20日初版1刷発行

著　者 ── 西山茂
発行者 ── 丸山弘順
装　幀 ── アラン・チャン
印刷所 ── 萩原印刷
製本所 ── 関川製本
発行所 ── 株式会社光文社
東京都文京区音羽1-16-6（〒112-8011）
http://www.kobunsha.com/
電　話 ── 編集部03（5395）8289　書籍販売部03（5395）8113
業務部03（5395）8125
メール ── sinsyo@kobunsha.com

679
出世したけりゃ
会計・財務は一緒に学べ！
西山茂
会社の数字とは接点がなかった現場社員が、経営幹部になるために最低限必要な会計と財務のポイントを解説。2分野のキモを一緒に押さえれば、誰でもトップ経営者になれる！
978-4-334-03782-6

680
なぜ僕は「炎上」を恐れないのか
年500万円稼ぐプロブロガーの仕事術
イケダハヤト
他人との衝突を恐れて、言いたいことを言えない人生はもったいない。年500万円を売り上げるプロブロガーが「炎上」をキーワードに、ストレスフリーな新しい生き方を指南。
978-4-334-03783-3

681
高学歴女子の貧困
女子は学歴で「幸せ」になれるか？
大理奈穂子
栗田隆子
大野左紀子
水月昭道監修
女子を貧困に追いやる社会構造のなかで、教育、キャリア、結婚、子育てをどう考えればいいのか？　当事者が自らの境遇と客観的なデータをもとにその実態を明らかにする。
978-4-334-03784-0

682
迫りくる「息子介護」の時代
28人の現場から
平山亮
解説　上野千鶴子
嫁でも娘でも妻でもなく「息子が親の介護」という異常事態!?を機に表出する、男社会の息苦しさ、男社会のあるあるとは。男性介護者の思いを丁寧に描き出す、もう一つの「男性学」。
978-4-334-03785-7

683
なぜ、あなたの薬は効かないのか？
薬剤師しか知らない薬の真実
深井良祐
日々の生活と切っても切れない関係にある薬。しかし、私たちは薬の基本的な性質を知っているでしょうか？「自分の健康は自分で守る時代」に必要な考え方を、この一冊で学ぶ。
978-4-334-03786-4